La g

de Fi

A

LA GRANDE PEUR DE FIERCASTEL

un roman de
JEAN BEAUCAIRE

Mary Glasgow & Baker Limited
London

FIRST PUBLISHED IN GREAT BRITAIN 1968 BY
MARY GLASGOW & BAKER LTD.

**Printed in Great Britain by
Ditchling Press Ltd., Ditchling, Hassocks, Sussex**

Introduction

This story is intended for students of French in the 14 to 16-year-old bracket who will probably have done at least four years of French. The language content is designed to consolidate the basic structures which they have already met and at the same time to familiarize them with typical expressions and forms of spoken French.

Jean Beaucaire is a French writer who lives near Toulouse, not far from the foot-hills of the Pyrenees. In this book he is therefore describing a region of which he has first-hand knowledge. It is hoped that readers will find the result vivid and entertaining.

The vocabulary at the end of the book is more than a word list. It is intended to give the greatest possible help to readers and therefore contains a large proportion of expressions and phrases, which are cross-entered whenever necessary. The English equivalents refer specifically to the given context and are not always universally applicable translations.

The illustrations are by Linda Cole.

Contents

Chapitre Un
Le Rêve de Marie-Jo

Une nuit d'hiver. . .Le vent souffle sur le village de Fiercastel. Le vent souffle souvent l'hiver à Fiercastel; mais la neige y est rare. Pourtant, les Pyrénées ne sont pas loin! Seulement du vent. . .Et la nuit, le vent hurle dans les arbres. De temps en temps, un hibou fait entendre une sorte de lamentation. Dans chaque maison, portes et volets craquent.

Cette nuit-là, Marie-Josée, la fille du maire de Fiercastel, est dans son lit. Elle ne dort pas. Elle écoute les bruits. Et Jean-Marc, son frère, qui est dans la chambre voisine, dort-il?

Apparemment, Fiercastel est un village comme les autres: des rues bordées de maisons de pierres blanches, une place avec une fontaine, une mairie, une église et, un peu partout, des platanes. Une rivière verte traverse le village. Sous le pont, on peut voir des ablettes qui nagent. De-ci, de-là, quelques boutiques: la boulangerie, l'épicerie. . .Tout autour du village, des vignes. Un village paisible, Fiercastel! Apparemment! Mais un village situé loin de toute grande ville. . .Un village inquiet. . .

Quand la nuit arrive, les habitants ferment soigneusement leurs portes. Car les nuits de Fiercastel ne ressemblent pas aux nuits des autres villages. On a peur! Oui, on a peur du froid, du vent, des hiboux, des chiens. On a peur aussi d'autre chose. À Fiercastel, on préfère le jour à la nuit.

Marie-Jo, dans son lit, se retourne. Elle veut allumer sa lampe. Car, dans une chambre éclairée, on a moins peur. Elle lève le bras, presse l'interrupteur—pas de lumière! Une panne d'électricité! Les pannes d'électricité sont fréquentes à Fiercastel. Le vent a dû renverser un poteau.

L'horloge du clocher de l'église sonne trois heures. Trois coups de cloche que le vent emporte dans la nuit. . .

Marie-Jo pense: «Encore cinq heures à rester dans le noir!»

Elle a une idée. Pour se donner du courage, elle frappe à la cloison qui sépare sa chambre de celle de son frère. Elle donne de petits coups. Elle veut réveiller seulement son frère. Elle ne veut pas réveiller ses parents.

Toc! toc!

La réponse vient tout de suite.

Toc! toc! toc!

Ces toc! toc! toc! signifient: «Je suis là, moi, Jean-Marc, ton frère». Alors, Marie-Jo, un peu plus calme, essaie de dormir. Elle dort mal. Elle fait un rêve—un rêve terrible qui n'est presque pas un rêve. Un rêve qui ressemble à la réalité.

Dans son sommeil, Marie-Jo voit parfaitement le château. . . Oui, le château, car Fiercastel possède un château. Là-haut, sur la colline, le château domine fièrement le village. C'est pour cela, d'ailleurs, que le village s'appelle «Fiercastel».

C'est au crépuscule que, dans son rêve, Marie-Jo le voit. Elle voit ses murs, ses tours, et, à l'intérieur, le donjon. Des corbeaux nichent dans le donjon. Marie-Jo croit les entendre:

Croa! croa!

Les corbeaux passent devant une lune maigre qui, dans le ciel, se trouve juste au-dessus du donjon. Ils fuient, épouvantés.

Ils fuient, parce que, dans l'enceinte du château, il y a un monstre. Ce monstre ressemble à. . . c'est difficile à dire! Ce monstre ressemble à. . . une bête: à un ours? à un taureau? à un lion?

Que vient faire cette «bête» dans le rêve de Marie-Jo? La bête de Fiercastel! C'est une vieille légende que les habitants du village racontent, le soir, à la veillée. Les bêtes monstrueuses existent seulement dans les contes et dans les rêves, c'est vrai. Pourtant, les gens disent que la «bête» du château a vraiment existé. Il y a plusieurs siècles. Elle a dévoré des moutons. Elle a même attaqué des bergers. Un jour, on l'a tuée. On l'a surprise endormie près du donjon. Bah! Des histoires que tout cela! Des inventions!

Soudain, la bête pousse un hurlement terrible. Le rêve de Marie-Jo est véritablement un cauchemar! Le cri est si effrayant que la jeune fille se réveille. Oui, c'est bien une bête qui a hurlé. . .Mais c'est simplement le chien du voisin qui n'aime pas le vent et qui aboie. Une vraie bête en chair et en os. . .une bête pas trop méchante, celle-là. Son aboiement est entré dans le rêve de Marie-Jo!

Marie-Jo a trop peur pour continuer son rêve. Elle ouvre les yeux. Par les fentes du volet, elle voit de la lumière pâle. Le jour se lève. Enfin, le jour! Le jour, Marie-Jo est moins inquiète. Et puis, elle peut parler à son frère.

Il est trop tôt encore pour se lever. Alors Marie-Jo pense à son rêve. Elle réfléchit. . .Le château! Toujours le château! Ce château a toujours été considéré comme un lieu sinistre. On imagine un seigneur cruel, des soldats qui se battent sous les murs, des prisonniers qui se meurent dans de sombres prisons. Et cette histoire fantastique de «bête» venue des temps passés! On imagine des yeux luisants, une gueule énorme, des griffes pointues. . .Bien! Tout cela a peut-être existé, mais tout cela est passé! Alors pourquoi le château de Fiercastel continue-t-il à effrayer?

Soudain, Marie-Jo se met à trembler dans son lit. Elle revit une scène terrible. . .

* * *

Il y a environ une semaine. . . Le crépuscule. . . Marie-Jo et Jean-Marc sont descendus du car. Ils reviennent du collège de Vazy-les-Fontaines. Au Club, garçons et filles bavardent. . .

Les jeunes, à Fiercastel, appellent «Club» une vieille grange qu'ils ont arrangée. Il y a une table rustique, des chaises, de vieilles caisses pleines de livres et de disques, un électrophone. Le poêle ronfle. Près du poêle, un tas de bois.

Ce sont les garçons qui s'occupent du poêle: de temps en temps, ils apportent des bûches convenablement coupées. Les filles, elles, s'occupent plutôt de la propreté, de l'ordre, de la décoration. Des gravures ornent les murs. Elles représentent des paysages méditerranéens: des montagnes sèches couvertes d'oliviers, une mer bleue qui vient chuchoter sur une plage dorée. Parfois, sur les caisses, il y a un bouquet de fleurs.

Au Club, les jeunes se sentent chez eux. Ils ont mis une enseigne. C'est Jean-Marc qui a eu l'idée de l'enseigne. Une grosse planche rectangulaire suspendue par des chaînes de vélo à une barre enfoncée dans le mur. Avec une tige de fer chauffée au rouge, il a écrit dans le bois: *Hippies Club*. Personne, à Fiercastel, ne comprend le sens de cette enseigne. Les membres du Hippies Club comprennent vaguement. Jean-Marc ne comprend pas davantage, mais il est très fier de sa trouvaille. Au collège de Vazy-les-Fontaines, il étudie l'espagnol, mais ces mots anglais un peu mystérieux le ravissent.

Le Hippies Club est très fréquenté, le soir.

Il y a «Goupille», l'apprenti mécanicien; Jean Hardouin, qui vient d'être reçu à son bac de philosophie; Roger Castignole, dit «Cannelle», le fils de l'épicier et sa sœur Valérie; Bertrand «Gros Lard» qui est... qui fait... qui ne fait pas grand'chose—ou, du moins, qui gratte horriblement d'une guitare électrique; François dit «Châtaigne», qui fait partie de l'équipe de rugby de Vazy-les-Fontaines: un bon pilier, ce «Châtaigne»! Et puis il y a Jean-Marc et Marie-Jo, les enfants d'un proprié-

taire viticulteur, maire de la commune de Fiercastel; et d'autres encore. . .*

Souvent, les jeunes ne sont pas seuls. Des adultes viennent au Club. Il y en a un que les jeunes aiment particulièrement. C'est Tonton. Tonton, évidemment, n'est l'oncle de personne. «Tonton» est un surnom. Il est charmant, Tonton! Un peu étrange, sans doute, mais charmant! Soixante ans environ. Il parle assez peu, mais il sourit tout le temps. Près du poêle, il fume de petits cigares, il lit des journaux, il écoute des disques. Il ne travaille jamais. On dit qu'il a été officier de marine. Maintenant, il doit être à la retraite. Officier de marine! On sait, à peu près, à Fiercastel, ce que c'est qu'un officier de marine. Mais la mer, c'est si loin! Tonton n'a pas de famille à Fiercastel. Il prend pension chez Lacloche, le carillonneur.

Donc, il y a une semaine, au Club. . .

Marie-Jo voit parfaitement la scène. La nuit tombe. Près du poêle, se trouvent Goupille, Gros Lard, Jean-Marc et elle, Marie-Jo.

La discussion est animée. On parle d'une émission vue, la veille, à la télévision, intitulée: *La bête du Gévaudan*. Le fait est vrai. À la fin du XVIIIème siècle, dans le Gévaudan (vieille province du centre de la France), une bête a tué des dizaines et des dizaines d'enfants. Cette émission a évidemment intéressé les jeunes de Fiercastel.

—Quelle histoire impressionnante! dit Marie-Jo. Des dizaines d'enfants attaqués. . .Une bête de cauchemar! Moi, j'en tremble.

—Oui, bien sûr, commente Goupille, qui n'a jamais peur quand il n'y a pas de danger. Mais la bête du Gévaudan est quand même une bête ordinaire. Elle n'a pas une tête de lion, des pattes d'ours, un corps de taureau. La bête du Gévaudan est sans doute un loup. Un loup énorme, rusé, cruel. Vous, les filles, vous avez trop d'imagination!

—Et tous ces enfants dévorés, ça ne te fait rien? réplique Marie-Jo, qui commence à se mettre en colère.

Gros Lard intervient pour calmer Marie-Jo et Goupille.

* See NOTES.

—Pourquoi vous disputer sur la bête du Gévaudan? Parlez donc de «notre» bête, la «bête du château», comme disent les gens. Fiercastel a aussi «sa bête»!

Ironique, il ajoute:

—Il paraît même que la bête vient encore se promener la nuit dans le château. C'est Totoche Macabre, le fossoyeur, qui le dit. Parfaitement!

—Le fantôme de la bête de Fiercastel! Vous ne croyez pas, dit Jean-Marc, que les gens exagèrent? Ce Totoche est fou! La vérité est que Fiercastel est un village trop isolé. On a trop d'imagination à Fiercastel. Au XVIIIème siècle, avoir trop d'imagination, ça s'explique. Au XXème siècle, ça ne s'explique plus!

Marie-Jo ne dit rien. Elle paraît songeuse.

—Et toi, Marie-Jo, interroge soudain Goupille, tu y crois, au fantôme de la bête?

—Bien sûr que non!

Un moment de silence. Goupille réfléchit en souriant drôlement. Quel vilain tour prépare-t-il?

—Dis, Marie-Jo!

—Quoi, Goupille?

—Si vraiment, toi, contrairement aux autres filles, tu es une fille courageuse. . .tu peux. . .

—Tu la finis, ta phrase, oui ou non?

—Tu es courageuse, n'est-ce pas? Regarde! La nuit est déjà toute noire. . .Marie-Jo, si tu es courageuse, tu vas, tout de suite, porter ce livre au pied du donjon du château!

Goupille, tout en parlant, est allé vers les caisses-bibliothèque du Hippies Club. Il en a retiré un roman: *Les Trois Mousquetaires* d'Alexandre Dumas.

Et la voilà, la malicieuse suggestion de Goupille! Oh! Goupille n'est pas méchant. Il cherche seulement à vexer ses copains en les provoquant. Comme ça, pour rire!

—Naturellement, continue Goupille, demain matin, quand il fait jour, je vais voir si le livre est en place. D'accord?

Marie-Jo hésite. Elle a peur, évidemment. Mais la peur, il ne faut pas la montrer. Elle est obligée d'accepter. Elle dit d'un air apparemment tranquille:

—D'accord, Goupille! Donne-moi le livre. Je pars tout de suite.

Mais Goupille n'est pas cruel.

—Voyons, Marie-Jo, tu n'es pas obligée d'aller au château. Ce que j'ai dit, je l'ai dit pour rire. Puisque tu veux partir, c'est que tu es courageuse! Ça me suffit!

Mais Marie-Jo n'écoute rien. Elle répète:

—Trop tard, je prends le livre. Je vais le poser au pied du donjon.

Goupille est confus. Il supplie affectueusement:

—Marie-Jo, reste ici. Je te le demande. . .

—Écoute Goupille, sotte! dit Jean-Marc à sa sœur.

Mais Marie-Jo est déjà sortie du Hippies Club. Gros Lard, irrité, lui crie:

—Emporte une lampe de poche. Il n'y a pas trop de lune, ce soir, et si tu veux lire *Les Trois Mousquetaires* au pied de la grosse tour. . .

* * *

Marie-Jo galope. Elle entend encore un garçon qui crie:

—Vas-y, tête de mule, si tu veux y aller. Mais reviens vite. Nous t'attendons.

Marie-Jo, en réalité, sait ce qu'elle fait. Elle prépare une petite vengeance. Elle va y aller, au donjon. Elle va avoir très peur. C'est sûr! Mais elle se voit revenant, triomphante, au Hippies Club et disant à Goupille:

—Me voici! Le livre se trouve au pied de la tour. Va donc, Goupille, le chercher, tout de suite, ce livre. Ce livre qui t'attend, là-bas, et qui est la preuve de mon courage. . .Va, Goupille, si tu es un homme, va!

Or, tout le monde sait que Goupille est surtout courageux avec sa langue. En vérité, il est plutôt peureux. On va bien s'amuser!

Marie-Jo est sur le petit chemin qui conduit au château. La voilà hors du village!

«Un quart d'heure pour aller, un quart d'heure pour revenir», pense Marie-Jo. «Mon supplice va durer une demi-heure. . . Courage!»

Le sentier devient de plus en plus étroit. Il monte maintenant. Il est difficile de galoper sur un chemin qui monte. Et puis les pieds font rouler les cailloux. Ça fait du bruit!

Alors Marie-Jo décide de marcher. Elle pose ses pieds avec précaution. Silencieusement. . .Pour ne pas attirer l'attention. . .

«Attirer l'attention de qui?» se dit Marie-Jo. «Ce que je peux être stupide! Il n'y a personne sur ce sentier à cette heure-ci. Pourquoi avoir peur? Et si, par hasard, il y a quelqu'un, ce «quelqu'un» ne veut pas forcément me faire du mal.»

Ça, c'est un raisonnement fort juste. Mais le cœur de Marie-Jo se moque des raisonnements. Ce qu'il est bête, ce cœur! Il bat à grands coups dans la poitrine. Il fait un vacarme intolérable:

Boum! boum! boum!

Et cette gorge qui se serre! Marie-Jo étouffe. Elle s'arrête pour respirer largement. Mais quelle erreur de s'arrêter! S'arrêter, c'est pouvoir écouter attentivement. Écouter quoi? Non, vraiment, la noire et froide campagne n'est pas silencieuse. Il y a des bruits suspects dans le feuillage des grands chênes qui bordent le chemin.

Hou! Hou! Hou!

Un hibou! Marie-Jo ne voit presque plus rien autour d'elle. Une nuit d'encre. Pas de lune, comme l'a dit Gros Lard. Bah! Ça vaut mieux. La lune, ça fait des ombres. . .Et comme le vent souffle toujours, les ombres bougent et des ombres qui bougent. . .ça fait peur.

Marie-Jo a bien une lampe de poche. Elle n'ose pas s'en servir. Si elle s'en sert, tous les habitants de Fiercastel vont voir que quelqu'un monte au château. Ça va faire des histoires!

Marie-Jo marche. Après le prochain tournant, le château. . . Courage! Quelques pas encore. . .

«Ça y est!» pense-t-elle. «Je passe par la grande porte

ogivale, j'entre dans l'enceinte et, près du donjon, je laisse tomber le livre.»

Non, Marie-Jo ne laisse pas tomber le livre près du donjon. Elle fait demi-tour. Et vite! Elle descend vers le village à toutes jambes. Elle tombe deux fois, se cogne la tête contre un tronc de chêne, se déchire le visage aux haies. . .Elle est comme folle. Elle a bien vu. . .

Elle a vu, près du donjon, des lumières. Non! pas de bête, ni de fantôme de bête, mais de vraies lumières. S'il y a des lumières, il y a des gens qui se servent de ces lumières.

Marie-Jo est déjà au Hippies Club. Les garçons sont encore là. Heureusement!

Ah! il n'est plus question de se venger de Goupille. La peur, elle l'a eue toute seule. Une jolie peur!

—Près du donjon, j'ai vu des lumières. Des lumières bleues! Des lumières bleues qui bougent. Évidemment, le livre, je le rapporte. Quatre ou cinq lumières bleues qui se distinguent à peine. Je n'ai pas rêvé. Je vous jure. . .

Puis Marie-Jo s'est évanouie. Les garçons n'ont pas eu le temps de parler. Ils s'affolent à leur tour. L'un tapote les joues de Marie-Jo, l'autre sort, un mouchoir à la main, pour chercher de l'eau.

—Elle n'a pas l'air de raconter des histoires, ma sœur, dit Jean-Marc. Je la connais. Elle n'est pas menteuse.

Marie-Jo ouvre les yeux. Comme elle est pâle ! Elle murmure :

—Quatre ou cinq lumières bleues. . . Comme des feux follets !

* * *

Dans son lit, Marie-Jo tremble encore au souvenir de cette affreuse aventure; et elle se demande encore : «Que sont ces lumières bleues ?»

Chapitre Deux
Les Lumières bleues

Maintenant, il fait bien jour. Aujourd'hui, c'est jeudi. Le jeudi est un jour de repos pour les collégiens. Marie-Jo ne va pas au collège de Vazy-les-Fontaines.

Vite, elle sort de son lit, passe au lavabo, s'habille. . .Vite! vite! vite! Elle fuit le lit, la chambre, la nuit: cette solitude avec ses rêves effrayants. . .

Elle veut retrouver Jean-Marc. Avec Jean-Marc, elle peut parler. Elle veut lui parler de son angoisse. Il est bon de dire son angoisse à quelqu'un. Elle descend l'escalier.

—Marie-Jo! Ça va?

C'est Jean-Marc qui l'appelle. Ce gentil Jean-Marc! Il sort, lui aussi, de sa chambre. Tous deux vont à la salle à manger pour prendre leur petit déjeuner. Ils sont les maîtres de la maison car les parents sont déjà partis au travail. C'est le moment de l'année où les parents taillent les vignes.

Marie-Jo prépare le petit déjeuner. Oh! le petit repas ne dure pas longtemps. On trempe du pain beurré dans un bol de café au lait.

—Naturellement, tu n'as pas bien dormi, dit Jean-Marc. Si ça continue, tu vas être malade. N'oublie pas que tu dois travailler. À la fin de cette année scolaire, tu passes le brevet! Moi, c'est différent! J'ai le temps!

Jean-Marc dit qu'il a le temps, lui. Sans doute, veut-il dire que sa sœur est en troisième et qu'elle a un examen à passer. Lui, qui est plus jeune, est en quatrième. Il n'a pas d'examen à passer.

—Il faut que tu cesses de te tourmenter! dit-il avec importance. C'est simple! Éclaircissons le mystère des lumières bleues!

Marie-Jo se moque de lui:

—Quelle merveilleuse idée! Tu as trouvé ça tout seul? Et comment faut-il faire pour éclaircir ce mystère?

—Ah! tu vas me mettre en colère. Comprends-moi! Je ne veux plus que tu trembles de peur! Je veux t'aider!

—Pardonne-moi, Jean-Marc! Je sais que tu es un bon frère.

—On peut, bien sûr, parler de cette histoire aux parents, propose le garçon, sans trop croire à son idée.

—Ah, non! pas ça. D'abord, maman va me gronder. Elle va me dire qu'on ne se promène pas, en pleine nuit, sur le chemin du château. Puis, j'entends déjà les moqueries de papa: «Et moi, ma petite Marie-Jo, figure-toi que j'ai vu des soucoupes volantes qui ont atterri près de notre vigne. Les pilotes sont venus me serrer la main. Parfaitement! ils sont venus de la planète Mars pour me serrer la main!» Enfin, continue Marie-Jo, papa et maman vont se consulter à voix basse. Ils vont dire que je suis à l'âge ingrat, que les filles, à cet âge-là, sont un peu folles, qu'il est nécessaire de me donner des vitamines. . .Non, vraiment, Jean-Marc, tout ça va faire des histoires. Moi, des adultes, je m'en méfie. Surtout quand ces adultes sont papa et maman.

—Bien! Alors, nous, tout seuls, nous allons éclaircir le mystère des lumières bleues. Dis, Marie-Jo, entre nous, tes lumières, tu es sûre de les avoir vues?

Et voilà Marie-Jo qui éclate en sanglots. Les filles sont extraordinaires. On veut les aider? Elles pleurent!

—Toi non plus, tu ne me crois pas, n'est-ce pas? J'ai sans doute des visions, n'est-ce pas? Dis que je suis folle! Je vais te dire, tiens, tu parles comme papa!

—Bon! Parfait! Eh bien, une seule solution! Ce soir, réunion au Hippies Club! Nous organisons une expédition au château. . .D'accord?

Marie-Jo, qui est occupée à sécher ses larmes, ne répond pas. Elle semble être d'accord. Elle se lève, enlève les bols, essuie la table. Elle a du travail, c'est vrai! Jusqu'à onze heures, elle révise une composition d'histoire et de géographie. Après onze heures, elle prépare le repas de la famille.

«Seulement, moi», pense-t-elle tout en travaillant, «je n'ai pas envie de participer à leur expédition et de revenir en pleine nuit au château. . .»

Jean-Marc sort. Il se promène dans Fiercastel pour avertir les copains:

—Ce soir, réunion au Hippies Club! Présence obligatoire!

* * *

Étrange bonhomme que ce Tonton. Il est breton. De son vrai nom, il s'appelle Gaétan de Korvédec. Il a navigué, dit-il, sur toutes les mers. Il habite Fiercastel depuis un an seulement. Qu'est-il donc venu faire à Fiercastel, Tonton? Pourquoi n'est-il pas resté dans sa Bretagne natale? Tonton répond alors qu'en Bretagne il pleut trop. Lui, Tonton, n'aime pas la pluie. Il lui faut un beau ciel.

Tonton sort de chez les Lacloche où il prend pension. Les Lacloche l'aiment bien. Ils disent qu'il n'est pas difficile.

Tonton se contente d'une chambre blanchie à la chaux, sous les toits. Là, dans cette chambre, il a un grand coffre qui est toujours fermé à clé. Ses souvenirs, sans doute. . .Sur les murs, des peintures qui représentent des paysages exotiques avec des cocotiers. Ils sont jolis, ces cocotiers! Ils ressemblent à de grosses étoiles vertes dans le ciel. Tonton a voulu de solides grilles aux fenêtres. Une idée à lui, comme ça. . .Tout le monde a ses idées.

—Un brave homme, ce monsieur de Korvédec, explique la femme de Lacloche. Il mange comme nous à notre table. Il est toujours content. Et honnête. . . Et poli . . .

Tout cela est vrai. Et ce que la femme du carillonneur oublie de dire, c'est que Tonton paie royalement sa pension.

Les gens de Fiercastel ont adopté Tonton, cet homme bien élevé, trop discret peut-être, qui salue en inclinant la tête et en souriant. Et dire que les enfants l'appellent Tonton, ce monsieur de Korvédec! Les enfants ne sont pas respectueux. Bah! N'importe! Tonton est bien content de se faire appeler Tonton. Car, s'il a été adopté par les habitants de Fiercastel, les jeunes, eux, l'aiment. Il est tellement gentil! Il leur donne des disques:

des disques de chansons modernes rythmées et aussi des disques de grande musique. Lui, Tonton, aime Bach! Quand il écoute de la musique de Bach, il prend sa tête entre ses mains: il semble vivre dans un autre monde.

Alors Gros Lard explique:

—Il est plus intelligent d'écouter du Bach que toutes vos petites musiques. . .

Bien sûr, Gros Lard a raison. Mais pourquoi est-ce lui qui dit cela? Lui qui, sans talent, gratte de la guitare électrique. . . Il y a, dans la vie, des choses qui sont difficiles à expliquer.

Peut-être Gros Lard dit-il cela par politesse? Pour faire plaisir à Tonton? C'est d'ailleurs Gros Lard qui, il y a six mois, a présenté Tonton, pour la première fois, au Club. . .

Tonton va chez Totoche Macabre, le fossoyeur! Les liens de l'amitié sont parfois mystérieux. Hé oui! Tonton est un ami du fossoyeur! Il faut dire que cela ne plaît pas aux gens de Fiercastel. Comment monsieur Gaétan de Korvédec peut-il aimer la compagnie de ce vieux fou de Totoche?

Car Totoche est un ivrogne qui boit beaucoup de vin. Il est sans culture, grossier et brutal.

Mais on dit que Totoche joue bien aux cartes. Tonton aime-t-il jouer aux cartes?

On dit aussi que Totoche est spirite. Des gens de Fiercastel vont parfois le consulter pour pouvoir parler avec un défunt de leur famille. Tonton s'intéresse-t-il au spiritisme?

—Monsieur Totoche est un personnage étrange, avoue Tonton. Pas très propre, certes. Mais la vie a été dure pour lui, vous savez. . . Il faut essayer de comprendre son prochain.

Ce brave monsieur de Korvédec!

Trop bon monsieur de Korvédec! Il a été ridiculisé!

Ce matin, il frappe, comme il en a l'habitude, chez son ami Totoche. Il entre. Et cinq minutes plus tard. . .Eh bien, cinq minutes plus tard, il se retrouve dehors! Et de quelle manière!

C'est Adélaïde Deguingois, la bonne de monsieur le Curé, qui a vu la scène. Elle l'a déjà racontée à douze femmes qui, à leur tour, la racontent à d'autres femmes.

—Une honte, je vous dis. . .Totoche, de son couloir, a donné un coup de poing, en plein dans l'œil, à monsieur de Korvédec! Monsieur de Korvédec est tombé, dans la rue, à la renverse. Puis Totoche s'est précipité. . . J'ai cru que Totoche . . .Eh bien, non! Il a mis des billets de banque. . .Au moins cinq mille francs! Il a mis cinq mille francs dans une poche de la veste de monsieur de Korvédec. Oui, je dis bien, il les a mis, il ne les a pas pris. En même temps, il a dit: «Garde ton fric, voyou! Je ne suis pas à vendre». . . Puis Totoche est rentré chez lui. Monsieur de Korvédec s'est relevé tout de suite. Quelle vigueur pour son âge! Les marins sont robustes! Il a reçu un coup de poing, mais hop! le voilà debout.

Monsieur de Korvédec a vu Adélaïde Deguingois:

—Mademoiselle Deguingois, quelle aventure! Voyez comment ce grossier personnage m'a jeté à la rue!

—Eh bien, moi, je vais vous dire. . .Vous avez tort de le fréquenter!

—Peut-être. . . Mais Mademoiselle, notre devoir n'est-il pas de nous intéresser aux malheureux? Vous avez vu. . . J'ai essayé de lui donner un peu d'argent. Je l'ai vexé. J'ai été maladroit. Les pauvres ont aussi leur amour-propre.

—Les pauvres boivent beaucoup, voilà la vérité, Monsieur de Korvédec.

Et Adélaïde Deguingois a conseillé à monsieur de Korvédec d'aller se plaindre aux gendarmes de Vazy-les-Fontaines. Donner un coup de poing à quelqu'un qui vous veut du bien! Quelle honte!

Mais monsieur de Korvédec n'est pas d'accord:

—Il faut pardonner! dit-il.

* * *

Ce soir, jeudi, il y a une grande réunion au Hippies Club. Beaucoup de garçons et de filles sont présents. Le poêle ronfle: il fait bon! Mais personne ne pense à se distraire. Ce soir, interdiction de passer des disques! Les affaires sont sérieuses. Jean-Marc va prendre la parole. Soudain, la porte s'ouvre. Arrivée de monsieur de Korvédec!

—Bonsoir, Tonton!

Tonton, selon son habitude, va tout seul dans son coin. Il ne veut déranger personne. Pourtant, ce soir, il se fait remarquer. Sur son œil droit, il porte un bandeau noir. Il ressemble à un pirate. Pauvre Tonton! Le comparer à un pirate! Ça n'est pas gentil!

—L'affaire est grave, dit Jean-Marc. Écoutez tous! Vous savez ce qui est arrivé à ma sœur, il y a une semaine. Depuis ce jour-là elle a toujours peur. . .

Marie-Jo est dans un coin. Elle est intimidée. C'est pour elle, cette réunion solennelle!

—Le fantôme de la bête du château, ça n'existe pas, continue Jean-Marc. Tout le monde est d'accord, n'est-ce pas? Mais ces lumières bleues existent. Ou bien ma sœur a des visions.

Jean-Marc est un garçon qui parle clairement. Il sait ce qu'il dit.

—Il nous faut connaître la nature de ces lumières. Ça presse!

Tout le monde écoute attentivement. Même Châtaigne écoute et pourtant, le pauvre, il est bien enrhumé. Tonton fume un «cigarillo». Il fait de la fumée bleue. Bleue comme les lumières qu'a vues Marie-Jo!

Jean-Marc pâlit un peu. Ce qu'il veut dire maintenant n'est pas facile à dire.

—Demain soir, après-dîner, nous organisons une expédition au château. Nous allons voir ce qu'il y a. . .Êtes-vous d'accord?

Tous lèvent le bras. Ils sont d'accord.

—Pour cette mission, nous n'avons pas besoin d'être nombreux. Moi, bien sûr, comme je suis le frère de Marie-Jo, je fais partie de l'expédition. Qui veut m'accompagner?

Il parle bien, le président, mais sa question demande un peu de réflexion.

Un silence. Soudain:

—Moi, dit Goupille, je veux bien t'accompagner mais j'ai peur d'être impoli envers mon oncle Jules. Oui, l'oncle Jules, le frère de ma mère, celui qui est employé de métro à Paris! Nous ne l'avons pas vu depuis trois ans. Pour une fois qu'il vient. . .Il arrive demain et je dois rester à la maison! Surtout que mon père va lui faire goûter le vin nouveau. Une soirée en famille, quoi! Non, je ne suis pas libre, demain soir. Je le regrette bien, croyez-moi!

—Atchoum!

C'est Châtaigne qui demande la parole. Châtaigne éternue. Il tousse. Il se mouche. Il a attrapé un joli rhume.

—Atchoum! C'est vrai que tu as vu des lumières, Marie-Jo?

—C'est sûr, Châtaigne!

—Alors, moi, je viens. . . . Atchoum! Parce que moi, le danger, ça m'excite!

Mais Jean-Marc se méfie de Châtaigne.

—Écoute, Châtaigne. Premièrement, nous n'allons pas à la bagarre. Nous nous cachons, nous observons, c'est tout!

—Mais oui, Jean-Marc, j'ai compris. Atchoum!

—Deuxièmement, il ne faut pas se faire remarquer. Il faut être silencieux. Sais-tu être silencieux?

—Bien sûr que oui! Atchoum!

—Châtaigne, voyons! Tu es trop enrhumé. Tu éternues continuellement. Ta présence est un danger!

—Et en prenant de l'aspirine tout de suite?

—Non! non! non!

Tous sont d'accord. Châtaigne ne peut pas faire partie de l'expédition. Il fait trop de bruit.

Les yeux de Cannelle brillent. Il a quelque chose à dire. Cannelle comprend lentement. Chez lui, à l'épicerie, quand vous demandez du riz, il vous sert du café... Mais, ce soir, Cannelle a compris.

—Je n'ai pas envie de venir, moi. À cause des lumières bleues ...Elles me font peur! Ah! dites-moi que vous vous trompez, qu'il n'y a pas de lumières bleues, alors je viens...

—Mais, sapristi! c'est justement parce qu'il y a des lumières bleues qu'il faut y aller! dit Jean-Marc.

Cannelle a pourtant une qualité. Il est franc. Il ne vient pas parce qu'il a peur!

Hardouin est l'aîné du Club (quand on ne compte pas Tonton, évidemment!). Il est le plus instruit. Pourquoi sourit-il ironiquement?

—Vous m'amusez avec vos histoires. Des superstitieux, voilà ce que vous êtes. Les lueurs bleues, ce sont peut-être les yeux de la bête? Pourquoi pas? Ma petite Marie-Jo, je vais te faire de la peine...Mais moi je ne crois pas à tes lumières.

—Je sais, j'ai des visions, répond Marie-Jo. Mais par amitié pour mon frère, accompagne-le donc demain soir! Je vais te dire, Hardouin, tu as peur comme les autres!

Il est évident que Marie-Jo cherche à toucher Hardouin dans son amour-propre. Mais Hardouin est un philosophe. Il a son bac de philosophie. Il se dit que, parfois, il faut avoir le courage de passer pour un lâche.

—Non, dit-il, je ne viens pas. Je ne crois pas à vos histoires.

—Mais, alors, s'exclame Jean-Marc, je suis tout seul, moi! Elle est belle, votre amitié! Bande de peureux!

Gros Lard veut parler:

—Voyons, Jean-Marc! Si vraiment demain soir tu veux aller au château. . .

Mais Tonton ne laisse pas parler Gros Lard. Il sort brusquement de sa rêverie.

—Ne te fais pas de souci, mon petit Jean-Marc. Demain soir, tous les deux, nous allons au donjon. Tous les deux, c'est suffisant, n'est-ce pas? Quand on est peu nombreux, on ne fait pas de bruit et on se cache facilement.

Brave Tonton! Jean-Marc a envie de l'embrasser.

—Merci, Tonton!

Tonton s'en va en souriant. Son œil lui fait mal: il faut qu'il se soigne.

—Savez-vous que Totoche a un bon direct du droit?

Maintenant, tout le monde rit.

* * *

Jean-Marc et Tonton marchent entre les chênes. Au-dessus d'eux, un ciel nuageux qui laisse passer de la lumière de lune. La nuit est assez noire mais on y voit un peu.

Tous deux ont chaussé des espadrilles pour marcher silencieusement. Ils bavardent encore à mi-voix car ils sont loin du château.

La montre de Jean-Marc a des aiguilles lumineuses.

—Neuf heures et demie! Mes parents croient que je suis au Hippies Club. Je n'ai pas la conscience tranquille. . .Heureusement que vous êtes avec moi, Tonton! Vous êtes un chic type!

—Nous faisons là une promenade bien inutile, mon cher Jean-Marc. Hier soir, je n'ai pas osé le dire à ta sœur. . .Mais son histoire est invraisemblable. Elle n'a pas vu des lumières, elle a *cru* voir. . .Il y a une différence!

—Je vous jure pourtant que ma sœur. . .

—La peur nous fait voir des choses qui n'existent pas. . . La fatigue aussi. . .

—Ma sœur n'est pas particulièrement peureuse. Et puis c'est une fille solide.

—Ne te fâche pas! Raisonnons scientifiquement. Des feux follets? Le donjon se trouve-t-il au milieu de terres marécageuses? Non, évidemment! De la matière animale se décompose-t-elle au pied du donjon? Non plus, bien sûr! Donc, pas de feux follets! Quelque phénomène de phosphorescence? Impossible! Moi, personnellement, j'ai vu des mers phosphorescentes. Ah! je comprends... Des vers luisants, peut-être...

Tonton plaisante. Sacré Tonton! Jean-Marc éclate de rire.

—Chut! Jean-Marc...Pas de bruit! C'est toi-même qui le dis. Tu m'as fait chausser des espadrilles pour ne pas faire de bruit. Et Dieu sait si j'ai froid aux pieds!

Jean-Marc voit bien que Tonton ne parle pas sérieusement. Cette promenade ne déplaît pas au vieux marin. Peut-être que Tonton a raison quand il dit que la peur excite l'imagination.

Mais comment peut-on avoir peur la nuit? Les masses sombres des arbres, les cris des hiboux...c'est amusant, tout ça!

Tonton et Jean-Marc sont au dernier tournant du sentier. Voici le château: les tours, le gros donjon et, dans les murs, l'entrée ogivale. Un profond silence. Un silence qui n'est pas suspect. Pas de lumières! Rien! Pas même des vers luisants comme le suggère Tonton. Quel farceur, ce Tonton, lui, si raisonnable d'habitude!

Ils entrent dans l'enceinte du château, en prenant quelques précautions. Ils rasent les murs. Ils marchent sur la pointe des pieds. Sous leurs espadrilles, les feuilles mortes font un petit bruit. Ils arrivent à une tour. Dans la tour, il y a un escalier.

—Montons cet escalier, dit Jean-Marc. La cachette est parfaite.

Ils montent jusqu'à la hauteur d'une fenêtre étroite. Là, sans être vu, on voit parfaitement le donjon. Ils s'asseyent sur une marche.

Jean-Marc guette attentivement. Autour du donjon, rien, vraiment rien! Tonton semble s'ennuyer. Il a peut-être froid.

Une demi-heure passe. Encore rien!

Mais tout à coup, dans la nuit, des cris horribles:

Miaou! miaou!

Jean-Marc va s'évanouir. Courageusement, pourtant, il ouvre les yeux. Près du donjon, deux lueurs bleues. . .Non, plutôt vertes, les lueurs.

Miaou! miaou!

Quatre lumières maintenant!

Enfin, Jean-Marc a compris. Des chats, évidemment! Quel soulagement!

Tonton dit ironiquement:

—La bête du chateau!

Il précise:

—Non pas «la bête» mais «les bêtes». Et elles viennent vers notre tour! Elles vont nous dévorer!

Il est vrai que les deux chats ont quitté le donjon. Ils montent l'escalier où se trouvent Tonton et Jean-Marc. On voit en bas la lumière de leurs yeux.

—Pftt! pftt! fait Jean-Marc.

Les deux chats se retournent, descendent, affolés, l'escalier, traversent l'enceinte du château.

—Mon petit Jean-Marc, dit Tonton, est-il nécessaire de rester davantage ici ? Nous avons vu les lueurs, n'est-ce pas ? Les yeux lumineux de deux chats !

Tous deux repartent vers le village.

Onze heures sonnent au clocher.

Chapitre Trois

Les Fils cassés

À Fiercastel, on se moque souvent de Cannelle. Les copains disent qu'il comprend lentement.

«Je comprends lentement», pense Cannelle, «mais je comprends sûrement. Et c'est le principal! Il y en a qui croient comprendre tout de suite et qui se trompent. Moi, je sais que je me trompe avant de comprendre. Puis je comprends sans me tromper. . .

Cannelle souffre surtout d'un autre complexe. Il sait qu'il est peureux. Oui, il n'est pas le seul à être peureux à Fiercastel. . . Sa conscience souvent lui dit: «Cannelle, n'as-tu pas honte d'être un lâche?» Cette conscience, il faut la faire taire! Il vient de prendre une décision énergique! Un vrai homme d'action! Aujourd'hui, dimanche, il décide d'aller à la pêche. Vacances pour Cannelle! Son père lui donne l'autorisation. Mais entendons-nous bien! Cannelle va à la rivière en passant par le château! Parfaitement: en passant par le château!

Le voici qui sort de l'épicerie. Il a une grande canne à pêche et un énorme panier. En marchant, il se parle à lui-même: il parle à sa conscience!

«Conscience! J'espère que bientôt tu vas me laisser tranquille. Je vais au donjon, ma petite conscience. Donc, je suis courageux.»

—Ça va, Cannelle?

C'est Gros Lard qui traverse la place du village.

—Tu vas à la pêche, Cannelle?

—Je vais à la pêche. Ça se voit, non? J'ai une canne à pêche, donc, je vais à la pêche.

—Eh bien! bonne pêche, Cannelle!

Non, Cannelle ne précise pas à Gros Lard qu'il va passer par le château. Il a peur que Gros Lard se moque de lui. On se moque toujours de Cannelle. . .Donc, pas un mot!

Ce que Cannelle oublie de se dire, c'est que Jean-Marc et Tonton ont déjà raconté au Club leur aventure. . .Les lueurs bleues que l'on voit autour du donjon, sont, paraît-il, des yeux de chats. Les histoires fantastiques, ça n'existe pas! Alors, Cannelle n'a pas peur d'aller au château. Mais tout ça, il oublie de bien l'expliquer à sa conscience. Il faut être rusé pour faire taire sa conscience!

Une belle journée. . .L'air reste froid mais le soleil brille. Le vent souffle à peine.

Cannelle marche vite. Il est déjà devant la porte du château. Et il entre dans le château sans trembler.

Voici sans doute la tour où se sont cachés Tonton et Jean-Marc! Mais ce qui intéresse Cannelle, c'est surtout le donjon. Il en fait le tour pour bien comprendre. Rien! Il fait un deuxième tour pour mieux comprendre encore. Rien! Vraiment rien! Rien que de bonnes vieilles pierres. . . À un certain moment, Cannelle a posé le pied sur une grande pierre plate qui tremble. Elle a une forme vaguement rectangulaire: plus d'un mètre de long sur soixante-dix centimètres de large. Elle bouge un peu quand on met le pied dessus. Il doit y avoir un caillou sous la pierre. . .

Comme le château est tranquille! Et pendant la nuit, il y a des chats qui jouent au clair de lune!

Pauvre Marie-Jo! Elle ne vient plus au Club, le soir. Il paraît qu'elle est furieuse.

«La nuit, je sais reconnaître les yeux des chats», a-t-elle dit. «Mes lumières bleues ne sont pas des yeux de chats. Tout le monde est contre moi. Je ne viens plus au Hippies Club!»

Et voilà! Elle doit être bien malheureuse, Marie-Jo!

En vérité, rien ne prouve que Marie-Jo se trompe. Jean-Marc et Tonton ont vu des chats, eux. Bon! Mais Marie-Jo, elle, a peut-être vu des lueurs qui ne sont pas des yeux de chats.

Tout à coup, une idée ingénieuse! Et cette idée ingénieuse a choisi, pour naître, la cervelle de Cannelle! Et dire que tous les copains du Hippies Club prétendent que Cannelle n'est pas subtil!

Cannelle se rappelle qu'il a, dans son sac de pêche, du fil

très fin. Oui, car Cannelle va pêcher des ablettes. L'ablette est un poisson malin. Pour attraper des ablettes, il faut une ligne fait de fil très fin. Eh bien, Cannelle va tendre ce fil autour du donjon!

Il attache l'extrémité du fil à une herbe entre deux pierres du donjon. L'autre extrémité, il l'attache à un arbuste qui est situé à trois mètres du donjon. Voilà le premier fil installé! Bon! Il est bien tendu. Cannelle tend ensuite un deuxième fil. Puis un troisième, puis un quatrième, puis un cinquième. . .Ces fils forment, autour du donjon, comme des rayons.

Cannelle n'aime pas les raisonnements compliqués. Il préfère les expériences. Par ces fils, il peut savoir si oui ou non des gens viennent, la nuit, au donjon.

«Demain, je reviens au donjon. Si des fils sont cassés, c'est que des gens sont venus. Des fils cassés: Marie-Jo a raison de dire qu'elle a vu de vraies lumières! Pas de fils cassés: Marie-Jo est une fille peureuse qui a des visions!

Cannelle est content de lui. D'un pas joyeux, il quitte le château. Il descend maintenant la colline par derrière. La rivière n'est pas loin.

Il pêche. . .

Cannelle n'a pas de chance. Pourtant, dans son panier, il y a déjà dix ablettes. Mais il a retiré sa ligne trop vivement. Et la ligne est là-haut, dans les branches d'un arbre. Plus de ligne! Et surtout plus de fil pour refaire une ligne. Tout le fil est resté au donjon du château. La pêche est terminée!

Cannelle, de mauvaise humeur, rentre au village. Cette fois, il contourne la colline. Il ne passe pas au château.

Les copains sont rassemblés sur la place du village. Ils jouent à la pétanque.

—Combien de poissons as-tu attrapés, Cannelle?

—Pas beaucoup. J'ai cassé ma ligne. . .

—Une ligne, ça se fabrique!

—Quand on a du fil, oui!

—Et naturellement, tu n'as pas de fil, toi. Tu vas à la pêche sans avoir une réserve de fil dans ton sac! Gros malin, va!

Pourquoi se moque-t-on toujours de Cannelle? Cannelle a l'habitude. Il se tait.

* * *

—Je reviens tout de suite, Papa. Occupe-toi du magasin!

—Où vas-tu encore?

—Hier, j'ai oublié à la rivière tout mon fil de pêche. Je vais voir si je le trouve. . .Une petite demi-heure!

Bien sûr, Cannelle file au château: il veut connaître le résultat de son expérience. Il a un peu menti à son père: il lui a parlé de la rivière et non pas du château. . . Le mensonge ne devient-il pas vertu quand il est au service d'une noble cause?

«Une petite demi-heure», a-t-il dit à son père.

Là, Cannelle ne ment pas. Il est même au-delà de la vérité.

Huit heures sonnent au clocher du village. Un quart d'heure

pour monter au château: huit heures et quart! Bien! Un quart d'heure pour revenir? Eh bien, non, Cannelle est revenu en cinq minutes. Cannelle a l'esprit lent mais les jambes rapides.

En arrivant au donjon, il s'est dit:

«Bah! je vais trouver mes cinq fils bien tendus.»

Erreur! Décidément, Cannelle n'est pas intelligent. Il se trompe souvent. Eh bien, oui, parlons-en, des fils!

Un fil cassé!

Cannelle est pâle.

Le deuxième fil est cassé.

Les trois autres fils sont-ils cassés? Cannelle n'en sait rien. . . Il les a peut-être cassés, lui-même, en faisant le tour du donjon pour repartir à toute vitesse vers le village.

Les fils sont cassés! Donc, des gens ou une bête assez grande (non! pas des chats!) circulent la nuit autour du donjon! Quelle aventure! Marie-Jo dit vrai. . .

Justement! La voilà, Marie-Jo! En même temps arrive, comme tous les matins, le car qui va à Vazy-les-Fontaines. Jean-Marc est déjà monté dans le car. Marie-Jo, à son tour, va monter.

Cannelle a juste le temps de lui dire:

—Marie-Jo! Moi, je sais que tes lumières bleues ne sont pas des yeux de chats. J'en ai la preuve! Personne ne veut te croire? Moi, je te crois. Tu n'es plus toute seule. Nous sommes deux, Marie-Jo! Courage!

—Alors, tu montes, Marie-Jo? Ou je vais au collège tout seul?

C'est Jean-Marc qui s'impatiente.

Enfin Marie-Jo monte.

—Que te raconte-t-il, Cannelle? demande Jean-Marc.

—Rien d'intéressant! Des choses banales.

Chapitre Quatre

La Peinture noire

Sur Fiercastel, la neige tombe depuis trois jours. Il neige rarement à Fiercastel. Mais le vent a cessé de souffler. Alors, rapidement, le ciel est devenu gris. Puis la neige a dansé dans l'air. Par terre, il y a déjà un épais tapis tout blanc.

Tout le monde est content de voir de la neige. Les jeunes sont excités: ils organisent des batailles à coups de boules de neige.

Tout le monde est content sauf Tonton. Il est presque de mauvaise humeur. Près du poêle du Hippies Club, dans son coin, tout seul, il fume nerveusement ses cigarillos. Lui, d'habitude si calme!

—Si j'ai pris ma retraite à Fiercastel, explique-t-il à Goupille, à Cannelle, à Gros Lard et à Jean-Marc, c'est pour échapper au mauvais temps de ma Bretagne natale. Et en Bretagne, croyez-moi, il pleut!

—Mais, Tonton, il ne pleut pas! C'est de la neige.

—Neige ou pluie, c'est pareil. Ça tombe du ciel! Je n'aime pas ce qui tombe du ciel. Le vent, je l'accepte; le froid aussi, quand il est sec.

—Je vais mettre sur l'électrophone une fugue de Bach, dit Gros Lard. Elle va vous faire oublier la neige.

Gros Lard a saisi le disque de Bach. Il s'approche de l'électrophone. . .

—Mais tes mains sont rouges, s'exclame Goupille. Tu es blessé?

—Des blessures bien légères!

—Comment cela est-il arrivé?

—Un incident bien banal, explique Gros Lard. J'ai voulu séparer deux adversaires. . . Chez moi, il y a deux chats: Ramina et Missette. L'autre soir, ils se sont battus. J'ai voulu les séparer. Ces sales bêtes m'ont donné des coups de griffes.

—Il faut soigner ça, dit Tonton. Les griffes des chats sont généralement sales: c'est dangereux!

Puis, s'adressant à Jean-Marc:

—Dites, Jean-Marc, l'autre soir, quand nous sommes allés au donjon, nous avons bien vu deux chats, vous vous souvenez? N'est-ce pas ce coquin de Gros Lard qui est venu lâcher ses chats pour nous effrayer?

La bonne plaisanterie! Tout le monde rit. Tonton oublie qu'il neige dehors. Il retrouve sa bonne humeur! Non, Gros Lard ne se promène pas avec deux chats, en pleine nuit, du côté du château. Il n'est pas assez courageux. Il est presque aussi peureux que Goupille.

Gros Lard accepte assez mal la plaisanterie. Il rougit jusqu'aux oreilles.

On écoute maintenant la fugue de Bach. Tonton paraît goûter une joie intérieure. Il a mis sa tête entre ses mains. Il écoute religieusement.

Soudain, Cannelle dit à voix haute:

—Dis, Jean-Marc! L'autre soir, c'est peut-être Gros Lard qui a lâché ses chats pour vous effrayer, toi et Tonton.

Cannelle dit ça sans rire. Il croit à ce qu'il dit! Sortir de pareilles imbécillités quand on écoute une fugue de Bach! Il est bête, ce Cannelle!

—Tais-toi, idiot!

Pourtant Cannelle pense que son idée n'est pas idiote. Elle est invraisemblable, ça oui! mais pas forcément fausse!

* * *

Tonton n'aime pas la neige. Eh bien, Cannelle non plus n'aime pas la neige! Les jeunes de Fiercastel s'amusent comme de petits enfants. Maintenant, ils ne jouent plus à la bataille. . . Ils font un bonhomme de neige. Cannelle trouve ces jeux ridicules.

Il a autre chose à faire, lui, que de s'amuser avec de la neige. D'abord, lui, il reste à l'épicerie pour vendre du sucre, de l'huile, du café. . .Et puis aussi il pense. C'est pénible de penser. Ça prend du temps!

Et, en plus, il est difficile de penser derrière un comptoir. Vous commencez à penser et puis crac! un client arrive:

—Un litre d'huile, s'il vous plaît!

Donc, Cannelle pense que Tonton n'est pas le seul à ne pas aimer la neige. Lui, non plus, Cannelle n'aime pas la neige. La neige l'empêche de bien faire son enquête. Et pourquoi la neige l'empêche-t-elle de faire son enquête? Parce que, sans doute, les mystérieux personnages ne sortent plus la nuit. . . Ils ont peur de laisser des traces à l'intérieur du château et tout autour du donjon. . .La vie est paralysée. Facile à comprendre!

Dring! dring! La sonnette de la porte! Zut! Un client. . . C'est Mademoiselle Adélaïde Deguingois.

—Une demi-livre de riz. . .

Cannelle donne un paquet de café.

—Du riz, vous dis-je. . .

Cannelle est distrait.

Il revient à ses idées. Oui, il est allé au château plusieurs fois. Il ne s'est pas approché. De loin, il a bien vu la neige toute blanche, sans traces de pas. Personne n'est allé près du donjon!

Mais que se passe-t-il? Tout à coup, la porte de l'épicerie claque. C'est le vent qui, de nouveau, se met à souffler. Ce n'est pas le vent d'ouest. C'est le vent d'est: celui qui vient de la mer méditerranée et qui est tiède. . . Si le vent souffle, la neige va fondre bientôt. Plus de neige! Alors, l'enquête va reprendre. Cannelle entend des gouttes d'eau qui tombent déjà des toitures. Il est content. Les mystérieux personnages vont sortir de leur cachette. Et alors Cannelle va pouvoir tendre des pièges. . .Quels pièges?

Quels sont les habitants de Fiercastel qui vont se promener, la nuit, autour du donjon? Il y a cent trente-neuf habitants à Fiercastel. Naturellement, les bébés, les vieillards, les femmes

ne sont pas soupçonnés. Mais il reste donc au moins cinquante suspects. Parmi ces cinquante suspects, quel est celui ou ceux qui vont, la nuit, au château?

Le magasin est rempli de soleil. Cannelle sort pour examiner le ciel. Le ciel est tout bleu. La neige fond rapidement. Et la terre commence même à sécher.

Cannelle rentre vite dans le magasin. Il vient d'avoir une idée! Voilà! Il a entendu son père qui travaille dans la cour intérieure, derrière le magasin. Son père est en train de peindre en noir la grille du jardin. À côté de lui, il y a un énorme pot de peinture noire. . .

«La peinture, ça tache», pense Cannelle. «Si l'on verse de la peinture par terre est si l'on pose le soulier dessus, naturellement la semelle est tachée. . .»

Cannelle a son plan. Il va répandre, près du donjon, de la peinture noire. Où la répandre, cette peinture? Tout autour du donjon? Impossible! Cela demande trop de peinture! Il faut simplement en mettre à l'endroit où le sentier arrive au donjon.

Les gens qui fréquentent le donjon passent obligatoirement par ce sentier. . .Le sentier va juste à une grande pierre plate. Cannelle la voit très bien, cette pierre plate. Elle tremble un peu! Il suffit de mettre de la peinture sur cette pierre.

Le père de Cannelle entre au magasin.

—J'ai fini de peindre la grille. Quel travail de patience! Et aussi quel travail malpropre! Regarde mes mains! Je les lave mais je ne réussis pas à enlever les taches noires.

—De la bonne peinture, quoi!

—Oui, de la bonne peinture. Tu peux le dire, mon fils!

—Je suis bien content, dit Cannelle.

—Content de quoi? Content de la bonne qualité de la peinture? Remarque que, dans la vie, il y a des joies plus grandes que le bon choix d'une peinture.

Cannelle fait toujours des réflexions stupides.

Il réfléchit. L'application de son plan présente des difficultés. D'abord, la peinture, il faut la répandre le plus tard possible, vers la fin de la journée. Or Cannelle n'aime pas se trouver au château vers la fin d'une journée. Et ensuite, comment connaître celui ou ceux qui ont une semelle de soulier tachée de peinture noire? Bah! si, dans la vie, on réfléchit trop, on ne fait rien. Répandons d'abord la peinture au pied du donjon!

—Papa, je vais prendre l'air. . .Une petite demi-heure, pas plus!

—Tu vas souvent prendre l'air, tu ne crois pas?

—Je passe chez Marie-Jo pour voir comment elle va. On dit qu'elle est malade. La grippe, dit-on . . .

Oui, Marie-Jo est malade. Elle est surtout malade de désespoir. Elle se sent toute seule. Personne ne croit à ce qu'elle dit. Sauf Cannelle qui est . . .un peu bête. . .

—. . .et puis au Club, il y a une grille devant la fenêtre. J'ai envie de la peindre en noir. Qu'en penses-tu? Je prends un pot de peinture. . .

Cannelle sort. Il passe donc chez Marie-Jo. Elle est guérie. Plus de fièvre. Un peu pâle, pourtant. Elle est assise dans un fauteuil près de la fenêtre.

—Ça va, Marie-Jo? Je suis content de pouvoir te parler. L'autre jour, j'ai commencé à te dire. . . Je n'ai pas eu le temps de bien t'expliquer. . .Tu n'es pas la seule à croire que le château est hanté.

—Merci, Cannelle, tu es bien le seul à me croire. Mon propre frère n'a pas confiance en moi.

—Voici mon plan. Je t'explique. . . Je vais au château. Je mets de la peinture noire sur une grande pierre plate qui se trouve devant le donjon. . .Et malheur à celui qui, cette nuit, marche sur cette pierre: il a les souliers tout noirs!

—Bravo! Cannelle, et, ensuite, on ordonne à tous les habitants de Fiercastel et des communes voisines et de la France entière de lever leurs jambes pour montrer les semelles de leurs souliers!

—Marie-Jo, tu te moques de moi. Tu n'es pas gentille. Tu es comme les autres, toi aussi.

—Non, je ne me moque pas de toi. Ton idée n'est pas mauvaise. Mais comment ensuite reconnaître les semelles tachées de noir?

—Tu es comme toutes les filles! Tu t'occupes trop des détails. L'essentiel est de mettre de la peinture noire sur la pierre du donjon. Ensuite, je compte sur la chance. . .

—Va mettre ta peinture, Cannelle!

—J'y vais! N'en parle à personne. C'est un secret entre nous.

—Entendu! Je n'en parle à personne. Pas même à Jean-Marc!

Cannelle quitte Marie-Jo. Il a mis son pot de peinture dans un panier. Il a l'air naturel de quelqu'un qui va cueillir. . . qui va cueillir quoi? Il est difficile de cueillir quelque chose en hiver. N'importe! Il a l'air presque naturel. Il marche peut-être un peu rapidement pour quelqu'un qui a l'air naturel. C'est que la nuit arrive vite. Et Cannelle n'aime pas la nuit.

Il arrive devant le donjon. Là, sans se servir de pinceau, il verse de la peinture noire sur la grande pierre plate.

Au retour, il s'arrête au Hippies Club pour peindre la grille de la fenêtre. C'est un petit travail ! Quatre coups de pinceau et la grille est peinte.

Chapitre Cinq

L'Enquete

Le lendemain matin, Cannelle est à l'épicerie. Trois clientes jusqu'à maintenant. Les clientes n'intéressent pas Cannelle. Ni les vieillards non plus. Il attend les hommes. Malheureusement, les hommes ne font pas les commissions. Ce sont généralement les femmes qui viennent. . .

Enfin, un homme! C'est monsieur Lamiche, le boulanger.

—Bonjour, Cannelle! Ma femme est malade. Je suis obligé de préparer moi-même le repas. Donne-moi du beurre, des nouilles et du fromage.

—Quel fromage voulez-vous?

—Du camembert. . .Combien tout cela fait-il?

Cannelle dit un prix. Il se trompe, refait son addition, dit un autre prix.

Monsieur Lamiche paie.

—Pardon! Monsieur Lamiche. . . Sous votre soulier, il y a un morceau de papier qui est collé sous la semelle. Ça dépasse. Ça n'est pas joli!

Monsieur Lamiche se penche.

—Votre pied droit!

Monsieur Lamiche examine la semelle de son soulier droit. Pas de papier!

—Pardon! Monsieur Lamiche. . . Je me suis trompé! C'est le pied gauche.

Monsieur Lamiche lève son pied gauche. Il y a réellement un petit bout de papier qui est collé sous la semelle. Monsieur Lamiche enlève le vilain bout de papier.

—Merci, Cannelle!

Cannelle, évidemment, a profité de l'occasion pour examiner les souliers de Monsieur Lamiche. Blancs, les souliers! Ah! ils ne sont pas noirs. Ils sont blancs. Le blanc de la farine. . .

Monsieur Lamiche est sorti. Tout de suite entre Hardouin.

—Salut! Hardouin. Que désires-tu? D'habitude, c'est ta mère qui fait les commissions.

—Eh bien! aujourd'hui, c'est moi, figure-toi. Je veux de l'essence de térébenthine.

—De l'essence de térébenthine? Pourquoi faire?

—Pour enlever des taches. . . Des taches noires de peinture au bas de mon pantalon. Tiens! Regarde. . .

—Toi, Hardouin?

—Quoi, moi?

—Hardouin, dit Cannelle gravement, je vais te poser une question.

—Mais vas-y, Cannelle, vas-y. . .Que veux-tu savoir? Tu me fais peur. Tu es tout pâle!

—Hardouin, pourquoi es-tu allé au château, cette nuit?

Hardouin ouvre de grands yeux ronds. Et on dit que Cannelle est bête!

—Tu devines tout, maintenant? Tu es un vrai inspecteur de police. Eh bien, oui, je suis allé au donjon.

Cannelle a pris machinalement le gros couteau: celui qui sert à couper le fromage! Il en joue nerveusement.

—Que vas-tu faire au donjon, Hardouin? Réponds!

—Mais, ne te mets pas en colère. Pose ce couteau! Tu vas te faire mal. Et si ça me fait plaisir, à moi, d'aller au donjon? À moi de me mettre en colère, maintenant! Réponds à ma question! Comment sais-tu que je suis allé au donjon?

—Ça, c'est mon secret!

—Allons! Ne nous fâchons pas. . .Parlons calmement! Voilà! C'est à cause de Marie-Jo. Elle semble sincère, Marie-Jo, quand elle dit qu'elle a vu des lumières. D'abord, je ne l'ai pas crue. Puis, j'ai eu du remords. Alors, tout seul, hier soir, je suis allé faire un tour au donjon. Je n'ai pas vu de lumière, ça non! Ni même des chats, comme Jean-Marc et Tonton. Mais, sapristi! j'ai mis mon pied sur de la peinture noire. Qui donc va au château et verse de la peinture noire sur les pierres?

—Mais c'est moi, dit Cannelle en riant, qui verse de la peinture noire. J'ai voulu savoir, moi aussi. . .

Et Cannelle dit à Hardouin que, lui aussi, fait une enquête. Il lui raconte l'expérience des fils de pêche.

—Ensuite, j'ai versé de la peinture au pied du donjon. Et, aujourd'hui, il me faut examiner tous les souliers des habitants de Fiercastel. Quel travail! J'avoue que je suis embarrassé.

Les yeux de Hardouin brillent.

—Je suis avec toi, Cannelle. Travaillons ensemble! Les souliers? Ça va être vite fait. Examinons seulement les souliers des gens suspects de Fiercastel.

—Des gens suspects? Il y en a, au moins, cinquante!

—Mais non! Seulement les types curieux, étranges, bizarres, tu me comprends?

—Totoche Macabre, par exemple?

—Bravo, Cannelle! tu as compris.

Les deux garçons font la liste des gens «suspects» de Fiercastel. Cannelle écrit des noms sur une feuille de papier qui sert à envelopper le fromage. Cinq ou six noms, ça n'est pas beaucoup!

—Moi, dit Cannelle, je ne vais pas voir Totoche. Il me fait peur. Il a donné un coup de poing à Tonton.

—Bon! j'y vais. . .

—Fais-toi accompagner par Châtaigne.

—Non, je n'ai pas peur. Et puis je suis diplomate!

* * *

Comment se présenter chez Totoche Macabre? Il faut à Jean Hardouin un prétexte. . .On ne se présente pas chez Totoche Macabre en disant: «Je viens vous voir»! Personne ne vient voir Totoche Macabre. Sauf Tonton. . .Et, depuis l'histoire du coup de poing, Tonton ne va plus chez Totoche.

Totoche habite une maison qui n'est pas loin de la place. En se promenant, comme ça, peut-être Hardouin va-t-il rencontrer Totoche?

Hardouin parcourt la rue. . .Puis il revient. . .Personne! Hardouin reste un moment devant la maison de Totoche. Mais Totoche ne sort pas. . .Ah! il n'est pas facile d'examiner les semelles des «suspects».

Une seule solution: il faut entrer dans cette maison! Oui, mais avec un prétexte. . .Ah! Hardouin se souvient que Totoche est intéressé par le spiritisme. Il parle aux morts, dit-on. Totoche doit fréquenter, la nuit, le château de Fiercastel. . .Le château n'est-il pas un bon endroit pour des expériences de spiritisme? La «bête»! Le souvenir de la fameuse «bête» de Fiercastel! Le prétexte pour entrer chez Totoche? Quoi de plus facile! Le spiritisme. . .

Hardouin frappe à la porte. Il entend des pas. La porte s'ouvre: Totoche!

Totoche a quarante-cinq ans. Grand, svelte, vigoureux. . . Des habits vieux et sales. . .Un regard tantôt méchant, tantôt triste. . .

—Qu'est-ce que tu veux?

Totoche ne semble pas trop ivre. Pourtant Hardouin hésite. Il a peur. Cela doit se voir!

Totoche répète sa phrase:

—Eh bien! que veux-tu?

—Je m'excuse de vous déranger. . .Figurez-vous que je suis intéressé par le spiritisme. Et je sais que vous. . .Voulez-vous parler avec moi un instant?

Totoche hausse les épaules.

—Je n'aime pas parler de ça. Mais entre! tu sembles être un bon garçon. . .

Totoche et Hardouin sont dans une pièce qui ressemble à une cuisine. Il y a une cheminée où brûle du bois. Une table, des chaises. . . Sur un buffet, un grand hibou naturalisé, des jeux de cartes, des bouteilles d'armagnac.

—Assieds-toi!

Hardouin et Totoche s'installent près de la cheminée.

—Croyez-vous au fantôme de la bête du château? On dit que certaines nuits, elle vient se promener. . .

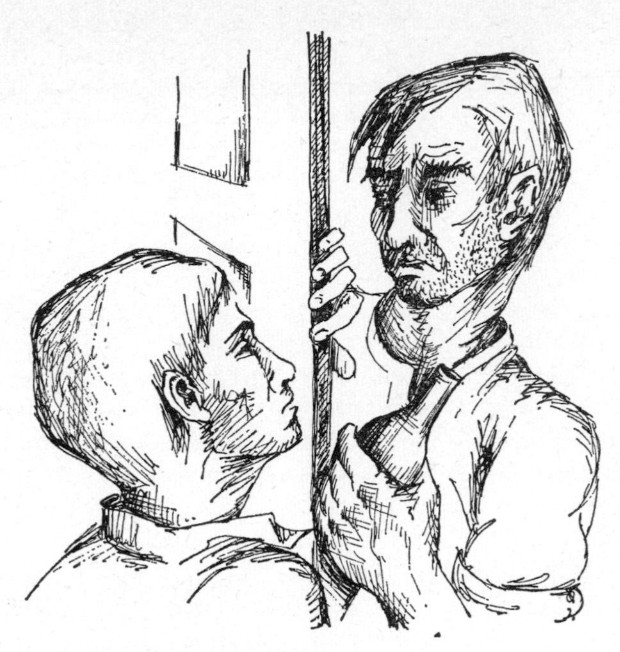

Totoche paraît de mauvaise humeur.

—Bah! je n'en sais rien, moi. . .

—On dit que vous-même. . .

—On dit quoi, sur moi? Tu m'intéresses. Vas-y! Je t'écoute. . .

—On dit que vous avez vu le fantôme de cette fameuse bête.

—J'ai dit ça, moi? Bien! disons que ce fantôme existe peut-être, mais ça n'est pas sûr.

Totoche éclate de rire. Il est évident qu'il cherche à gagner du temps. Il observe Hardouin. Hardouin aussi cherche à gagner du temps. . . Soudain, Totoche allonge ses jambes vers le feu.

«Enfin», se dit Hardouin, «je vais voir les semelles».

En se penchant vers le feu, il voit bien les semelles des souliers de Totoche. Elles sont trouées, ça oui, mais vraiment aucune trace de peinture noire. Ni sur les chaussettes, ni au bas du pantalon. Hardouin est déçu: Totoche n'est pas «suspect»! Pourquoi rester davantage? Il se lève, paraît hésiter. . .

Ah! non loin de la cheminée, contre le mur, il y a une paire de gros souliers. Peut-être Totoche a-t-il changé de chaussures? Hardouin prend les souliers.

—Ce sont de bons souliers. Des souliers neufs, n'est-ce pas?

—Tu t'intéresses à la chaussure, maintenant? Le spiritisme, la chaussure. . .Tu es un garçon curieux. . . Je vais te dire, Hardouin: tu es un garçon trop curieux!

Hardouin pose les souliers. Aucune tache sous les semelles! Il revient s'asseoir.

—Non, ce qui m'intéresse, c'est le spiritisme, vous le savez. . . Mais vous me faites comprendre que ça ne vous intéresse pas. . .

—Tu mens, petit! Le spiritisme ne t'intéresse pas. . . Je veux savoir pourquoi tu es venu. Personne ne vient me voir et toi, tu es venu. . .

—Monsieur de Korvédec vient vous voir aussi.

—Fini, Korvédec! Il ne vient plus. Je l'ai poussé dans la rue, un jour. Tu dois bien le savoir! Tout Fiercastel en a parlé.

—Je trouve même que vous n'avez pas été très aimable avec monsieur de Korvédec.

—Tu es venu pour me faire des reproches? Tu n'as pas peur, toi. Tu me plais, petit Hardouin!

Totoche sourit:

—Entre nous, petit Hardouin, tu vas me dire. . .Nous sommes amis, n'est-ce pas? Alors, dis-moi ce que tu es venu faire chez moi.

—Je ne vois pas ce que vous voulez dire.

—Je devine, tiens! C'est Korvédec qui t'envoie. Pourquoi t'envoie-t-il, Korvédec?

En disant ces mots, Totoche devient rouge. Une brusque colère d'alcoolique. . .Totoche prend Hardouin par le col de la veste. Il le pousse vers la porte.

—Dehors! Ça presse! C'est Korvédec, n'est-ce pas, qui t'envoie?

—Ne vous mettez pas en colère, Monsieur Macabre. Je vous jure que monsieur de Korvédec ne m'envoie pas.

—Menteur! Il est toujours à votre Club, ce Korvédec. Votre Tonton, comme vous dites! Vous l'adorez, votre Tonton!

—C'est possible! Et puis après!

—Bande de pauvres idiots! Trop jeunes pour comprendre! Vous ne savez donc pas que votre Tonton. . .Tiens! à votre Tonton, je lui ai donné un coup de poing en pleine figure. Et il n'est pas allé se plaindre aux gendarmes de Vazy-les-Fontaines! Ça t'étonne, ça, Hardouin. Un conseil, maintenant: toi, Hardouin, qui es le plus grand, toi qui es un garçon sérieux, toi qui fais des études, chasse donc Korvédec! Chasse-le, tu entends?

—Mais monsieur de Korvédec est un monsieur respectable. Un monsieur très bon, bien sympathique. . .Un ancien officier de marine. . .

Cette fois, Totoche Macabre éclate de rire. . .Il n'est vraiment plus en colère! Il rit tellement qu'il lâche Hardouin. Un rire de fou!

Hardouin est dans la rue. Derrière lui, Totoche ferme la porte. Le garçon sort le mouchoir de sa poche. Il le passe sur son front. Il a eu chaud!

Il pense que ce misérable Totoche ne sait pas ce qu'il dit. N'importe! Ne nous perdons pas dans les détails! Totoche a des souliers non-tachés de peinture. Totoche non-suspect! À rayer de la liste!

Chapitre Six
Les Danses folkloriques

Le soir, au Hippies Club, il y a une ambiance amicale. Les jeunes de Fiercastel semblent oublier le mystère du château. Certains oublient. . .Pas tous! Pour Jean-Marc, il n'y a plus de mystère. Pour Tonton, non plus, évidemment. Ni pour Goupille, Gros Lard, Châtaigne. . .

Et pour Marie-Jo, Cannelle, Hardouin? Marie-Jo est revenue au Hippies Club. Elle ne boude plus. Quant à Cannelle et Hardouin. . .

En ce moment, les jeunes de Fiercastel organisent une fête. C'est Jean-Marc qui en a eu l'idée. . .

—Une représentation de théâtre, par exemple, a dit Goupille.

—Avec des numéros de danse, a suggéré Marie-Jo.

—Une sorte d'histoire de la danse en France?

—Pourquoi pas des danses folkloriques?

—À Vazy-les-Fontaines, il y a deux garçons et deux filles qui savent danser des danses régionales. Ils peuvent venir nous aider.

—On n'a pas besoin des gens de Vazy-les-Fontaines!

Bref, ce soir, au Hippies Club, les idées ne manquent pas. Elles sont parfois contradictoires. On n'arrive pas à une conclusion nette. Mais on est d'accord sur le principe: une soirée de danses folkloriques. La recette de cette soirée va servir à organiser un club de basket-ball.

Tonton écoute avec attention. On apprend même avec surprise qu'il a un biniou. Il dit qu'il sait jouer du biniou. Il connaît même assez bien les danses bretonnes. Vive Tonton!

Marie-Jo a déjà apporté des disques de danses provençales. On met une *farandole* sur l'électrophone. On pousse la table. Marie-Jo explique comment on danse une farandole. Garçons et filles se prennent par la main. Goupille comprend vite. Gros

Lard, Jean-Marc, Hardouin dansent assez bien. Châtaigne danse comme un ours. Il méprise la danse. La danse est, d'après lui, une distraction décadente. Et pourquoi cette représentation de danses folkloriques ? Pour créer un club de basket ? Le basket ! Encore un jeu de fillettes ! Le seul sport qui a vraiment de l'intérêt pour Châtaigne, c'est le rugby.

Cannelle danse mal, lui aussi. Il ne comprend rien aux explications de Marie-Jo. Il est distrait. Il regarde stupidement les souliers des danseurs.

—Tu as perdu quelque chose ? demande Goupille. Pourquoi regardes-tu mes souliers ? Je ne les ai pas volés, mes souliers ! Ils sont à moi !

—Lève la tête, ordonne Marie-Jo. Ne regarde pas par terre.

Enfin, Cannelle s'applique. Surprise ! Il danse bien, Cannelle, quand il veut. Ses jambes sont plus agiles que son esprit.

Le disque s'achève.

—Que vais-je passer, maintenant ? demande Marie-Jo. Tiens ! j'ai aussi un disque de danses bretonnes. Seulement moi, je ne connais rien aux danses bretonnes. . .

On entend les binious.

—À vous, Tonton, dit Gros Lard.

On regarde Tonton, assis dans son coin, près du poêle. Il se lève. Il va au milieu de la salle. Les jeunes se rangent le long des murs. Tonton paraît réfléchir. . . Soudain, il fait un pas, puis deux. . . Il s'arrête. Il a besoin de se souvenir. . .

Ça y est ! Tonton danse. Il danse avec grâce. On applaudit :

—Bravo Tonton !

Cannelle, assis par terre, suit des yeux, avec beaucoup d'intérêt, le mouvement des pieds. Comprend-il les danses bretonnes ? Soudain, il se relève. Il est pâle. Personne ne voit qu'il s'approche de Marie-Jo.

—Marie-Jo !

—Zut ! Laisse-moi regarder cette danse.

—Je me moque de vos danses, Marie-Jo !

Puis Cannelle ajoute, à voix basse, dans l'oreille de Marie-Jo :

—Sous les souliers de Tonton, il y a des taches de peinture noire!

Marie-Jo pâlit à son tour.

Puis Cannelle va trouver Hardouin.

—Hardouin! Regarde donc les semelles de Tonton. Tu vas être surpris!

—Tonton? C'est impossible!

—Regarde, je te dis!

*   *   *

Totoche Macabre fait beaucoup de fautes quand il écrit. Aussi écrit-il très rarement. Moins on écrit, moins on fait de fautes. Pourtant, aujourd'hui, il écrit une lettre.

Il écrit aux gendarmes de Vazy-les-Fontaines. Quelle orthographe!

*Il i a, a Fiercastel, un omme danjereux qu'il fot mêtre en prison. Cet omme danjereux, cet gaètan de Corvédec. Vené, messieurs les jandarmes che Lacloche. Demandé a visiter la chambre de Corvédec. Il i a un cofre. Fête-vous ouvrir ce cofre! il i a, dans ce cofre, des choses qui vous intéraissent. . .**

Totoche lit avec satisfaction sa lettre. Il estime qu'il n'y a pas trop de fautes à corriger.

Décidément, Totoche Macabre a beaucoup de défauts! Il boit. Il est brutal. Il fait des fautes d'orthographe. Et voilà que maintenant il oublie de signer sa lettre. C'est une lettre anonyme qu'il envoie aux gendarmes de Vazy-les-Fontaines. Il faut pourtant le comprendre. S'il signe sa lettre, les gendarmes vont venir le voir. Et Totoche n'aime pas les gendarmes. . .Les gendarmes viennent souvent chez lui. Pour tout dire, Totoche est un peu braconnier et contrebandier. Oui, cela fait d'autres défauts encore. . .

Totoche veut absolument que Korvédec quitte Fiercastel. Il déteste cet homme. . .Il lui a déjà donné un coup de poing. Cela ne suffit pas! Il veut le vexer encore en envoyant chez lui les gendarmes.

* What *should* Totoche have written? Work out the correct version and then see NOTES.

La lettre n'a pas étonné le brigadier de gendarmerie de Vazy-les-Fontaines.

—Ça, c'est encore un coup de Totoche!

Et dire que le pauvre Totoche s'est cru malin en ne signant pas sa lettre! Son orthographe est si particulière!

Pourtant le brigadier n'est pas fâché d'aller à Fiercastel! Comme ça. . .Pour voir. . .Pour faire parler les gens. . .Il y a aussi une histoire de coup de poing qui n'est pas très claire. Ce coup de poing que Totoche, précisément, a donné à monsieur de Korvédec. Oh! monsieur de Korvédec ne s'est pas plaint. Mais l'histoire se raconte. Vazy-les-Fontaines n'est pas loin de Fiercastel.

Le brigadier et un autre gendarme ont pris leurs vélomoteurs.

Ils entrent chez les Lacloche. Une simple visite, bien sûr! Puis, ils demandent à voir monsieur de Korvédec. Simplement pour passer un moment avec lui. . .

Monsieur de Korvédec reçoit les gendarmes dans sa chambre.

—Je suis heureux, Messieurs, de votre visite.

—Nous nous excusons. . .Nous ne voulons pas vous déranger. . .Rien de grave, vous savez! Nous venons seulement vous demander si vous n'avez pas à vous plaindre de Totoche Macabre.

—Ah! Messieurs, dit monsieur de Korvédec en riant, je vois que vous savez mon histoire. . .Bah! mon œil est presque guéri. Alors, je vous demande d'oublier. . .Non, vraiment, je n'ai pas à me plaindre de Totoche Macabre. Laissez donc ce pauvre homme tranquille!

—Vous êtes un homme bon, Monsieur de Korvédec. Nous savons aussi votre rôle auprès des jeunes de Fiercastel. Vous êtes l'aîné qui, discrètement, surveille. . .Une sorte de grand frère pour eux. . .

Un silence. Puis le brigadier continue:

—Vous avez un joli coffre, Monsieur de Korvédec. . .

Un malin, ce brigadier de Vazy-les-Fontaines! Oui, sans

doute que Totoche, dans sa lettre, raconte des mensonges. Mais, on peut toujours voir. . .

—Ce coffre, Messieurs? Mes souvenirs, ma vie de marin. . . J'ai beaucoup voyagé, moi. Alors. . .Mais pourquoi bavarder? Regardez vous-mêmes!

Et Tonton, sans hésiter, ouvre son coffre.

Il montre son uniforme d'officier de marine, sa casquette, ses décorations, des boussoles, des bibelots de tous les pays du monde. . .

Monsieur de Korvédec parle, parle, parle. . .Un beau parleur quand il veut. Pour chaque souvenir, il donne des explications.

—Cet arc et ces flèches? Ils viennent d'Afrique noire, du Gabon. . .

Les larmes aux yeux, il se met maintenant sa casquette d'officier: il se regarde dans une glace. . .Les modestes gendarmes de Vazy-les-Fontaines ont envie de se mettre au garde-à-vous devant ce vrai soldat. Ils sont émus.

La visite est terminée. Les deux gendarmes quittent monsieur de Korvédec.

—Quel vilain personnage, ce Totoche Macabre! dit le brigadier. J'ai envie d'aller lui donner une leçon. Cette fois, il exagère. S'attaquer, comme ça, à un grand soldat! Un coup de poing puis maintenant la lettre anonyme. . .

—Remarquez, chef, dit le gendarme, que monsieur de Korvédec ne s'est pas plaint. On le connaît, Totoche Macabre! Un malheureux! Un orphelin. . .Un illettré. . .Soyons indulgents! Écoutons les conseils de ce bon monsieur de Korvédec.

—C'est vrai, c'est vrai, tout ça! Et puis pensons que Totoche a rendu de grands services à la Résistance pendant la dernière guerre. Il a conduit des dizaines et des dizaines de résistants en Espagne. De là, ces résistants sont allés en Angleterre pour continuer la guerre. Sans parler des voies ferrées qu'il a fait sauter. . .

* * *

Dans tout Fiercastel, on connaît déjà la nouvelle:

«Les gendarmes sont allés chez monsieur de Korvédec!»

C'est Eugénie Lacloche qui l'a dit, bien sûr. Puis mademoiselle Adélaïde Deguingois se charge du reste. Quelle langue, cette mademoiselle Deguingois! Bref, tout le monde sait que monsieur de Korvédec a reçu la visite des gendarmes.

—Eh bien, quoi? dit le père de Jean-Marc et de Marie-Jo, qui est le maire de Fiercastel. Qu'y a-t-il là d'extraordinaire? Les gendarmes viennent parfois à Fiercastel, c'est vrai! Généralement, ils vont chez Totoche! Mais ils peuvent venir aussi, comme ça, pour prendre l'air. . .Pour voir s'il n'y a rien d'anormal! Alors, ils bavardent avec l'un avec l'autre. . .Hier, ils sont allés bavarder avec monsieur de Korvédec parce que monsieur de Korvédec est un monsieur «bien». Voilà! il n'y a pas de mystère.

Certes!

On finit par admettre les paroles raisonnables du maire. Même Cannelle et Hardouin sont d'accord. Pourtant les deux garçons se posent une question:

«Que va faire Tonton au château?»

Ce soir, au Hippies Club, les garçons et les filles ne pensent guère aux mystérieuses histoires du château. Depuis quelque temps, ils passent leurs soirées à danser des danses folkloriques. Des danses bretonnes surtout! Grâce à Tonton. . .

Tout en dansant, Hardouin dit à Cannelle:

—Dis, Cannelle, tu m'as dit qu'il y a une grande pierre qui tremble au pied du donjon. . .Ne t'arrête pas de danser, sapristi! Ne te fais pas remarquer! Écoute bien! Demain, nous allons au château!

—Pendant le jour, n'est-ce pas?

—Oui, pendant le jour. Pour essayer de soulever la pierre!

—Pour soulever quoi?

—Pour essayer de soulever la pierre! Danse en mesure, sapristi!

—Zut! je danse comme je peux. Je ne suis pas danseur à l'Opéra, moi! Et ta pierre, comment vas-tu la soulever?

—Avec une grosse barre de fer! Une sorte de levier!

Marie-Jo se fâche.

—Qu'avez-vous à parler, tous les deux? Oui! toi, Hardouin et toi, Cannelle! Vous dansez mal! Vous pensez à autre chose! Et cependant, vous la voulez, votre équipe de basket! À cause de vous, on va recommencer!

—Excuse-nous, Marie-Jo!

Les deux garçons retrouvent le rythme de la danse. . . Encore quelques phrases à échanger pourtant!

—Demain après-midi! Ça va?

—D'accord! N'oublie pas la barre de fer. . .Maintenant, taisons-nous et dansons bien!

Chapitre Sept
La Pierre qui tremble

Les deux garçons se rencontrent devant la porte ogivale du château.

Ils ne sont pas venus ensemble. Cannelle est arrivé à pied, les mains dans les poches. Hardouin est dans une voiture tirée par Bucéphale. Bucéphale est l'âne de son père. . .Dans la voiture, il y a une grosse barre de fer et aussi des cordes et deux lampes de poche. Une bonne cervelle, ce Hardouin! Il prévoit tout.

—Je décharge la voiture, dit Hardouin. Puis je cache Bucéphale dans le bois voisin. Toi, pendant ce temps, tu portes notre matériel au pied du donjon.

Hardouin revient. Cannelle a déjà glissé la barre de fer sous la pierre. La pierre est encore toute noire de peinture.

—Allez! Ensemble! Soulevons la pierre!

Les deux garçons sont énervés. Ils travaillent maladroitement. Cannelle a déjà une main qui saigne.

—Aïe! Ma main!

La barre tombe soudain sur le pied de Hardouin.

—Aïe! Mon pied!

—Recommençons! Allons-y! Bien ensemble! Un, deux, trois!

La barre, bien placée cette fois, fait bouger la pierre. Un trou apparaît. . .

—Un souterrain!

Cannelle a peur:

—Nous avons assez travaillé, aujourd'hui, dit-il. Nous savons qu'il y a un souterrain. Eh bien! à moi, ça me suffit.

—Ah! non. . . Cannelle, tu vas rester, ordonne Hardouin. J'ai des cordes. . . Sais-tu ce que nous allons faire?

—Je le devine, parbleu! Nous allons descendre. . .La descente aux Enfers!

Hardouin accroche la corde au tronc d'un jeune chêne. Il la laisse pendre dans le trou.

Cannelle propose curieusement:

—Je passe le premier. . . Je passe le premier parce que j'ai très peur!

La logique de Cannelle est parfois étrange. Il continue:

—S'il y a du danger, tu viens tout de suite, n'est-ce pas, Hardouin? Moi, j'ai confiance en toi. . .

—Bien sûr, mon vieux Cannelle!

—Si c'est toi qui descends et qu'au fond du trou tu trouves du danger, moi, je suis capable de t'abandonner et de fuir. J'ai tellement peur!

—Sacré Cannelle, va! Non, tu n'es pas bête et peureux. . . Tiens! prends la lampe de poche si tu descends.

Cannelle descend dans le trou.

—Mon pied touche la terre. Heureusement! Des murs autour de moi. . .

—Y a-t-il une sortie?

—Non, je suis comme dans un puits.

—Eh, bien! examine les murs. Regarde si toutes les pierres sont solides!

—Ça va être long! Déjà, je m'ennuie un peu. . .

—Je surveille, Cannelle! Courage! Ne te presse pas. Regarde bien toutes les pierres!

—Dis, Hardouin, il y a trois pierres que l'on peut enlever. . . Et derrière, il y a une niche. . .Voyons un peu! Et dans la niche. . .Oui, dans la niche, il y a une boîte en fer. Tu m'entends, Hardouin? J'ai trouvé une boîte en fer. Oh! là! là! Elle est lourde, la boîte! Lance l'autre corde! Je vais attacher la corde autour de la boîte. Voilà! J'ai fait un nœud! Tu peux tirer. Vas-y, Hardouin! Bien! Moi aussi, je remonte. . .Mission terminée!

Les deux garçons replacent la grande pierre plate sur le trou. Vite! ils sont pressés. Ils sentent qu'il est plus prudent de quitter ce lieu vraiment trop mystérieux. La grosse barre, les cordes, et aussi cette boîte en fer. . .ils emportent tout.

C'est Cannelle qui porte la boîte.

—Ça pèse! Ce sont peut-être des pièces d'or!

—Non, Cannelle, ne rêve pas de trésor! Des histoires comme ça, ça n'arrive qu'au cinéma ou dans les contes. En réalité, la boîte doit contenir autre chose que de l'or. Quoi? Ma foi, je n'en sais rien. . .Bientôt, nous allons le savoir!

Les deux garçons arrivent au bois où se trouvent Bucéphale et la voiture.

—Là, nous sommes tranquilles. . .Voyons ce qu'il y a dans cette boîte!

Hardouin attaque la serrure avec la pointe de son couteau. La serrure est vieille. . .Victoire! Elle s'ouvre. . .

Oui, la boîte est ouverte. . .Et ce ne sont pas des pièces d'or! Les deux garçons semblent paralysés. Ils ouvrent des yeux énormes. Ils contemplent. . .

—Nous rêvons, n'est-ce pas? Voyons, Hardouin, moi, je vois des perles, des colliers, des bagues, des bracelets. . .Je me trompe, n'est-ce pas, Hardouin? Je me trompe, comme d'habitude! Je rêve. . .

—Non! Cannelle, tu ne rêves pas. Moi aussi je vois des bijoux. Ne perdons pas la tête! Nous allons porter tout cela au père de Jean-Marc. . .C'est le maire de Fiercastel! À lui d'agir! Pour nous, l'enquête est terminée. L'affaire devient trop grave!

—Allez! en route. Bucéphale! plus vite! Quel fainéant, ce Bucéphale!

Les voilà devant la maison de monsieur le Maire. Ils sont contents d'être arrivés. Quel soulagement! Ils n'ont plus peur maintenant. Ils imaginent une scène burlesque. . .

—Cannelle, toi seul, le premier, tu as cru Marie-Jo. Toi, le premier, tu as eu l'idée de faire une enquête. Alors! à toi l'honneur! Monte sur Bucéphale, entre chez monsieur le Maire par la cour intérieure et va porter ton trésor à Marie-Jo!

Chez monsieur le Maire, toute la famille est à table. Ils prennent le café. Par la fenêtre, Marie-Jo voit le comique cavalier qui tient à la main une boîte en fer.

Elle ouvre la fenêtre.

—Qu'est-ce qui se passe, Cannelle?

—Belle dame, j'ai toujours cru, moi, au mystère du château de Fiercastel et je viens vous offrir. . .

Mais Hardouin arrive. . .

Cannelle descend de son âne. Tous deux entrent chez monsieur le Maire.

Sans rien dire, Cannelle pose la boîte sur la table, au milieu des tasses de café. Il soulève le couvercle. . .

Il dit avec simplicité:

—J'apporte un trésor.

Soudain, le père de Marie-Jo se met à crier:

—Ah! non, les enfants. . .Moi, les plaisanteries, je les aime. . . Mais ça, c'est trop grave! D'où vient cette fortune? Expliquez-vous!

—Mais oui, Monsieur le Maire, dit Hardouin, expliquons-nous! Les uns après les autres. . .D'abord Marie-Jo, votre propre fille. . .Puis Jean-Marc, votre propre fils. . .Puis Cannelle. . .Enfin, moi. . .Vas-y, Marie-Jo, commence!

Et Marie-Jo dit à son père combien elle a eu peur, un soir, au château, en voyant des lumières bleues.

Puis Jean-Marc raconte son expédition avec Tonton.

Ensuite, Cannelle explique ses expériences au fil de pêche et à la peinture noire.

Enfin, Hardouin, complète. . .

—Très intéressant, dit monsieur le Maire. . .Passionnant! Mais ça n'est pas très clair. Il manque la vraie explication. Quel est le rapport qui unit tous ces faits que vous me racontez? Vous n'en savez rien, n'est-ce pas? Moi non plus, d'ailleurs, je n'ai aucune idée. Eh bien! mon devoir, mes enfants, est d'aller porter votre trésor à la gendarmerie de Vazy-les-Fontaines. Venez avec moi!

Tous montent dans la R 16* de monsieur le Maire. En route pour Vazy-les-Fontaines!

* See NOTES.

Chapitre Huit

Le Secret de Tonton

Depuis quelques jours, les langues des habitants de Fiercastel parlent vraiment beaucoup. Mademoiselle Deguingois parle, parle, parle. . .

—Savez-vous, ma chère, pourquoi le Maire et quelques jeunes gens sont allés à Vazy-les-Fontaines? Je vais vous le dire, moi, parce que vous êtes une amie! Il ne faut pas le répéter, n'est-ce pas? Et patati, patata, patati, patata. . .

Tonton, lui aussi, a appris la nouvelle! Un trésor, lui a-t-on dit, a été découvert dans un souterrain du château, sous le donjon!

Mais Tonton ne s'occupe pas de cette histoire de trésor. Il a autre chose à faire! Comme il est nerveux, Tonton! Pour parler franc, Tonton est bien ennuyé. Son œil lui fait mal! Comme ça, tout à coup. . .Une brusque reprise de la douleur! Il dit ses ennuis à madame Lacloche.

—Je ne sentais plus rien depuis une semaine. . .Cette nuit, tout à coup, je sens, dans mon œil, une douleur atroce. Imaginez mon inquiétude! Alors, je vais à Toulouse voir un oculiste.

—Vous avez raison, Monsieur de Korvédec. Allez voir un spécialiste.

Monsieur de Korvédec est vraiment nerveux. Il fait de grands gestes dans la rue. Il crie très fort:

—Qu'importe mon œil! Je pardonne à Totoche Macabre! Si les gens semblent méchants parfois, c'est parce qu'ils sont malheureux. . .Ce qui manque le plus sur la terre, c'est le bonheur! Rendez les hommes heureux: tout de suite, ils deviennent bons! Un grand ciel bleu plein de lumière au-dessus de nos têtes, voilà ce qu'il nous faut, Madame Lacloche! Du bonheur, quoi! Il nous faut repeindre le ciel, Madame Lacloche, ça presse! Vous comprenez, Madame Lacloche?

En vérité, madame Lacloche ne comprend rien aux paroles de monsieur de Korvédec. Il faut dire que madame Lacloche n'a pas beaucoup d'instruction.

—Au revoir, Monsieur de Korvédec. À ce soir! Faites-vous bien soigner!

L'ancien officier de marine monte dans sa DS*. L'auto démarre lentement.

—Bon voyage! hurle Totoche qui, justement, passe devant la maison des Lacloche et voit la DS démarrer. . .Bon voyage et que le diable t'emporte!

—Impoli! Pourquoi parles-tu ainsi à monsieur de Korvédec? lui demande madame Lacloche.

—Vous ne comprenez donc pas que Korvédec est un sale bonhomme!

—C'est toi, le sale bonhomme!

* See NOTES.

—Je suis un sale bonhomme, moi, c'est possible! Mais Korvédec aussi est un sale bonhomme. Car votre Korvédec reçoit aussi la visite des gendarmes.

—De simples visites amicales...

—Des visites amicales? Vous êtes sûre?

Maintenant Totoche cherche à savoir. Cela agace un peu madame Lacloche.

—Sais-tu que monsieur de Korvédec est allé à la ville pour voir un médecin? À cause de son œil, figure-toi! Méfie-toi! Tu risques de les recevoir, toi, les gendarmes.

Totoche rit insolemment:

—Pourquoi voulez-vous que les gendarmes viennent me voir?

Le soir, monsieur de Korvédec ne rentre pas. Est-il dans un hôpital?

La semaine passe...Pas de nouvelles de monsieur de Korvédec! Plus de monsieur de Korvédec!

Totoche Macabre n'arrête plus de boire. Il est ivre tous les soirs. Dans les rues de Fiercastel, il crie à tout le monde que Korvédec a disparu.

—Je vous dis, moi, que Korvédec a disparu!

* * *

Non, Gaétan de Korvédec n'a pas disparu.

Un jour, les habitants de Fiercastel ont vu, en première page du journal, la photo de monsieur de Korvédec. Étonnement général dans le village! À côté de la photo, il y a évidemment un article. Et quel article! Au Hippies Club, le soir, Jean-Marc le lit à ses copains.

—Écoutez-moi ça! Incroyable!

«Un illuminé vient d'être arrêté à Auch, dans le Gers.» C'est bien la photo de Tonton! Il n'y a pas d'erreur.

—Ils disent que Tonton est un fou, s'exclame Gros Lard. Tonton qui est si gentil...Ces crapules de journalistes!

—Et savez-vous comment il s'appelle, Tonton? continue Jean-Marc. Non, il ne s'appelle pas Gaétan de Korvédec. Il s'appelle Gontran de Batz. Un vrai noble tout de même. Et savez-vous où il est né? Non, il n'est pas breton. Tonton est un Gascon qui descend de d'Artagnan. Une famille très riche... Non, Tonton n'est pas un marin! Tonton est un commandant d'infanterie en retraite!

Les garçons et les filles du Hippies Club sont émus. Dans un grand silence, ils écoutent Jean-Marc. Pauvre Tonton!

—Il paraît que Tonton a fait un scandale devant la cathédrale d'Auch. . .Il se prend pour un prophète. Il est sur la terre, dit-il, pour faire le bonheur de l'humanité. Il répète tout le temps: «Ma mission est de repeindre le ciel!» Attendez! Qu'est-ce que je lis maintenant? Tonton dit. . .Vous m'entendez bien? Tonton dit que le trésor du château de Fiercastel lui appartient. . .

—Ah? font Hardouin et Cannelle.

—Pourquoi faites-vous: «Ah?», tous les deux?

—Pour rien.

* * *

Pauvres habitants de Fiercastel! Ils en ont appris des choses depuis une semaine. Mademoiselle Deguingois a tellement parlé qu'elle n'a plus de salive dans la bouche. Elle est malade. Elle a mal à la gorge.

D'abord les gendarmes sont venus. Ils sont allés chez le maire et dans presque toutes les maisons du village. Ils sont restés longtemps chez Hardouin, à l'épicerie, chez Gros Lard aussi et surtout chez Totoche Macabre. . .Hardouin et Cannelle ont raconté leur enquête personnelle aux gendarmes.

Ensuite, avec les gendarmes, sont venus des messieurs vêtus de gabardines et coiffés de chapeaux mous. Ils sont allés chez les Lacloche. Ils ont ouvert le coffre de Tonton. Dans ce coffre, rien! Rien d'intéressant!

Les inspecteurs de police sont allés ensuite au donjon, ils ont fait une découverte extraordinaire. . .Dans d'autres niches que

Cannelle n'a pas vues, ils ont trouvé des charges de plastic. On dit que Cannelle est vexé. Lui, il n'a trouvé que le trésor.

—Oui, ma chère, en plus du trésor, il y a du plastic.

—Du quoi, Mademoiselle Deguingois?

—Du plastic, vous dis-je. Le plastic est une sorte de. . .C'est quelque chose de très dangereux!

La découverte des inspecteurs de police est vraiment étonnante! Oui, le plastic est une matière explosive dangereuse, comme le devine mademoiselle Deguingois. Mais ce que mademoiselle Deguingois ne sait pas, c'est que, dans ce plastic, les inspecteurs ont trouvé des pierres précieuses. Des émeraudes, des topazes, des rubis. . .Sensationnel!

La télévision est venue à Fiercastel. On a interviewé Marie-Jo, Hardouin, Cannelle. L'interview de Cannelle a été remarquable.

* * *

Les nuits à Fiercastel sont de plus en plus sinistres. La terreur règne. On n'ose plus sortir le soir. Le Hippies Club a fermé ses portes. Personne ne dort plus. Seule Marie-Jo dort. . . Elle n'est plus inquiète. Elle sait qu'on s'occupe de ses lumières bleues. Aux autres d'avoir peur! Chacun son tour!

Ce maudit vent souffle de plus en plus fort. Soudain, dans la nuit:

Hou! hou! hou!

Toujours ces hiboux. . .Il y a aussi les chiens qui hurlent. Dans le lit, on met sa tête sous les draps pour ne plus entendre. Malheureusement, on pense. . .On pense au donjon du château sous la lune, au fantôme de la bête qui erre, au mystérieux souterrain où l'on a trouvé du plastic. . .Ah! ce plastic. . .Le dictionnaire dit que le plastic est un explosif à base de nitroglycérine et de nitrocellulose. Bien! Mais, sapristi! pourquoi le plastic trouvé sous le donjon est-il étoilé de pierres précieuses? Avec de tels mystères, comment fermer l'œil à Fiercastel? Non, vraiment, impossible de dormir!

Pourtant, un jour, les habitants de Fiercastel ont fini par comprendre. Il faut dire que ces messieurs en gabardine et en chapeau mou sont têtus. Ils aiment les explications claires. Seulement la vérité, ils ne l'ont pas trouvée tout de suite.

Un soir, Totoche Macabre est parti avec eux, en voiture, menottes aux mains. Il est vrai que Totoche n'a pas tardé à revenir à Fiercastel.

—Eh bien! quoi? Pendant la Résistance, j'ai fait sauter des rails de chemins de fer. Depuis cette époque, j'ai gardé du plastic chez moi. . .Ça n'est pas un crime! J'en ai vendu un peu à Korvédec, c'est vrai! Un tout petit peu! Puis j'ai réfléchi . . .J'ai eu peur de Korvédec. Les sales histoires, moi, je ne les aime pas. Alors, je n'ai plus vendu de plastic à Korvédec. Il a insisté. Je lui ai donné un coup de poing. Un tout petit coup de poing! Pas bien fort! Je suis honnête, moi!

Totoche n'est pas un bandit, oh! non, mais il ment un peu. Un tout petit peu! Il a vendu un tout petit peu de plastic à

Korvédec? Ouais! de quoi faire sauter Fiercastel. Il a donné un tout petit coup de poing à Korvédec? Ouais! un petit coup de poing capable de tuer un bœuf.

Gros Lard, lui aussi, ne fait que gémir.

—Je vous dis que Tonton est un brave type. J'ai été bien copain avec lui. Une vraie amitié! Il m'a acheté une guitare électrique. Moi, parfois, je lui ai rendu service. La nuit, je l'ai aidé à porter des choses, là-bas, au souterrain. Et cette farce que nous avons faite ensemble, une nuit, pour faire peur à Jean-Marc! Moi, avec mes deux chats, Ramina et Missette . . .Et Tonton et Jean-Marc, dans la tour en face. . .Ah! ah! ah! j'ai lâché mes deux chats. . .Ils m'ont griffé. . .Mais j'ai bien ri. Seul, plus tard, Cannelle a compris la plaisanterie.

Gros Lard a raison. Tonton est un brave type! Lui aussi, les inspecteurs l'ont interrogé souvent et longuement. Étrange, ce bon monsieur de Korvédec—ou plutôt ce bon monsieur de Batz, descendant de d'Artagnan! Il a été un vaillant soldat. Dans l'infanterie, pas dans la marine. . .Toujours, il a été un homme très bon. Une vie impeccable! Et très riche! Oui, le trésor est à lui. Il vient de sa famille. C'est prouvé! Mais, depuis quelques années, monsieur de Batz a plusieurs personnalités. Il se croit Breton et lieutenant de vaisseau. . .En plus, il parle comme un poète:

—Je veux lancer mes pierres précieuses dans le ciel. . .Des poussières multicolores de pierres précieuses. . .Elles vont retomber sur une humanité ravie. Ça vaut mieux que des poussières radio-actives, non? Vous allez voir ce feu d'artifice! Rendez-moi ce plastic décoré de pierreries! Où est-il, mon plastic?

Gontran de Batz perd l'esprit.

—Voyons! il est dans mon coffre, chez monsieur Lacloche. . . Non, il est sous le donjon. . .C'est cela! J'ai eu peur de Totoche Macabre. Alors, je l'ai caché sous le donjon. Une bonne cachette! C'est ce soir-là que Marie-Jo a bien vu des lumières bleues. Oui, les lumières de lampes de poche voilées d'étoffes bleues. . .Heureusement que les chats de Gros Lard ont prouvé plus tard que le château n'a pas de «bête» et ne présente aucun intérêt. . .Allez! qu'on m'apporte le plastic. Je vais repeindre le ciel. La fête va commencer!

Les inspecteurs n'ont pas rendu le plastic à monsieur de Batz.

Les poètes, on ne les comprend pas.

Monsieur de Batz ne vit plus chez les Lacloche. Il est à Vazy-les-Fontaines, dans une maison de retraite destinée aux aliénés légers.

Le Hippies Club a ouvert, de nouveau, ses portes. . .Le poêle chauffe. On est bien. Tous les jeunes sont présents. Ils préparent activement leur soirée de danses folkloriques.

—Ça va très bien, dit Marie-Jo. Vous dansez tous très bien, même Châtaigne. . .Seules, les danses bretonnes ne sont pas parfaites. Tonton nous manque! Nous avons besoin de ses conseils.

—On va le chercher, dit Jean-Marc.

—D'accord! crient tous les membres du Hippies Club.

Tonton aide les jeunes à préparer leur représentation. C'est le père de Marie-Jo et de Jean-Marc qui, après chaque répétition, le reconduit à sa maison de retraite.

Souvent, dans la journée, Tonton reçoit, à Vazy-les-Fontaines, la visite de quelque personne de Fiercastel. Naturellement, chaque soir après la classe, Jean-Marc et Marie-Jo vont le voir. Même Totoche est allé lui rendre visite.

—Bah! il est gentil, votre Tonton. Il est un peu original, c'est tout! Un peu original comme moi! Un tout petit peu. . .

À Fiercastel, maintenant, il ne se passe rien! Les gens ont retrouvé leur sommeil. Bien sûr, la nuit, on entend le vent, les hiboux, les chiens. . .

—Rien de nouveau, n'est-ce pas, Mademoiselle Deguingois?

—Comment, rien de nouveau? Et la représentation de théâtre que les jeunes vont donner dimanche!

—C'est vrai!

—On dit que monsieur de Batz va interpréter quelques danses bretonnes. Moi, je me demande comment monsieur de

Batz, qui est un pur Gascon, sait jouer du biniou et danser les danses bretonnes.

—On ne peut pas, Mademoiselle Deguingois, éclaircir tous les mystères.

FIN

Vocabulary

Only those meanings relating to the text are given.
Feminine and plural forms, which are shown in brackets, are given only when they appear in the text.
Abbreviations:
m. = masculine; *f.* = feminine; *sing.* = singular; *pl.* = plural;
pres. = present; *trans.* = transitive; *intrans.* = intransitive;
conj. = conjunction; *adv.* = adverb; *adj.* = adjective;
pron. = pronoun; *prep.* = preposition; *coll.* = colloquial;
lit. = literally.

A

à, to; **à moi,** mine; **à vous!** your turn! **à lui d'agir,** it's up to him to do something
l'ablette (*f.*), the ablet (*kind of small fish*)
d'abord, first(ly)
aboyer, to bark
d'accord, in agreement; **d'accord!** right! O.K!
accrocher, to attach
s'achever, to come to an end
l'addition (*f.*), the bill
admettre, to agree with, accept (*words etc.*)
s'adresser à, to speak to
l'adversaire (*m.*), the enemy
affectueusement, affectionately
s'affoler, to be frightened, to panic
affreux, awful
l'âge (*m.*), age; **à l'âge ingrat,** at the difficult age
agacer, to irritate
agir, to act, take action; **à lui d'agir,** it's up to him to do something
aïe! ouch!
l'aiguille (*f.*), the needle
d'ailleurs, in fact; besides, moreover
aimable, kind
l'aîné (*m.*), the eldest
l'air (*m.*), the air; **d'un air tranquille,** calmly, looking calm; **avoir l'air de. . .** to seem to be. . .; **prendre l'air,** to go out for a breath of fresh air
ajouter, to add
l'alcoolique (*m.*), the alcoholic; **une brusque colère d'alcoolique,** the sudden rage of an alcoholic
l'aliéné (*m.*), the lunatic; **un aliéné léger,** someone mentally unbalanced
aller, to go; **s'en aller,** to go away; **allez!** come on!
allumer, to turn on (*lights etc.*)
alors, well, in that case; then
l'ambiance (*f.*), the atmosphere
l'amitié (*f.*), friendship
l'amour-propre (*m.*), pride
ancien, former
l'âne (*m.*), the donkey
l'angoisse (*f.*), distress
animé(e), lively
l'année (*f.*), the year; **l'année scolaire,** the school year
anormal, abnormal
apparemment, to all appearances, on the face of it
appartenir (à), to belong (to)
appeler, to call

s'appeler, to be called
s'appliquer, to apply oneself, make an effort
apporter, to bring
apprendre, to learn
après, after; **et après!** so what! what of it!
d'après, according to; **d'après lui,** according to him, so he says
l'après-dîner (*m.*), the evening (after dinner)
l'arbuste (*m.*), the bush
l'arc (*m.*), the bow
l'Armagnac (*m.*): *a kind of brandy*
arranger, to fix up, repair
arrêter, to stop; to arrest
s'arrêter, to stop (*intrans.*); **s'arrêter, c'est pouvoir écouter,** stopping means being able to listen, if you stop, you can listen
l'arrivée (*f.*), the arrival
arriver, to happen; to arrive
d'Artagnan: *a famous character in 'The Three Musketeers' by Alexandre Dumas*
s'asseoir, to sit down
assez, fairly; enough
atchoum! atishoo!
atroce, dreadful, terrible
s'attaquer à, to attack
atterrir, to land
attirer, to attract
attraper, to catch
aucun(e), no, not a; **aucune trace,** not a trace
au-delà de, beyond
au-dessus (de), above
auprès de, with, among
autour (de), round
autre, other; **autre chose,** something else; **avec l'un avec l'autre,** with one another, amongst themselves; **les uns après les autres,** one after the other
avant (de), before (*doing something*)
aventure: quelle aventure! what an experience!
avertir, to tell, notify
avoir, to have; **vous n'avez pas à vous plaindre,** you've got nothing to complain about
avouer, to admit

B

le bac = le baccalauréat: *examination taken on leaving 'lycée', which qualifies for university entrance*
la bagarre, the fight; **nous n'allons pas à la bagarre,** we're not going there for a free-for-all
la bague, the ring
bah! who cares! oh, well! huh!
le bandeau, the patch, bandage
banal, banal, ordinary; **des choses banales,** a lot of rubbish
la bande, the gang, bunch; **bande de pauvres idiots!** you bunch of stupid idiots!
la barre, the bar
en bas, below; downstairs
à base de, with a base of
le basket, basketball
la bataille, the battle; **la bataille à coups de boules de neige,** the snowball fight
battre, to beat
se battre, to fight
bavarder, to chat
beau, belle, fine, beautiful; **elle est belle, votre amitié!** you're a fine lot of friends, I must say!
le berger, the shepherd
besoin: avoir besoin (de), to need
bête, stupid
la bête, the beast, animal
beurré, buttered
le bibelot, the knick-knack, curio
bien, well; **bien!** right! **eh bien. . .** well. . .; **ou bien,** or else; **elle a bien vu,** she saw (it) all right; **j'ai bien ri,** I had a good laugh; **bien sûr,** of course; **bien sûr que oui!** of course (I do)! **quelqu'un qui vous veut du bien,** someone who wants to help you, who wishes you well; **bien élevé,** well-mannered; **j'ai**

été bien copain avec lui, we were great pals, mates
le **bijou,** the jewel
le **billet,** the note; **le billet de banque,** the bank-note
le **biniou,** Breton pipes or bagpipes
bizarre, peculiar, odd
blanchi(e) à la chaux, whitewashed
blesser, to wound
la **blessure,** the wound
le **bœuf,** the ox
le **bol,** the bowl
le **bonheur,** happiness
le **bonhomme,** the chap, fellow; **le bonhomme de neige,** the snowman
la **bonne**, the maid
bordé(e), lined
bouder, to sulk
bouger, to move
la **boulangerie,** the baker's (shop)
la **boule de neige,** the snowball
la **boussole,** the compass
le **bout,** the end; **le bout de papier** the scrap of paper
la **boutique,** the shop
le **braconnier,** the poacher; **il est un peu braconnier,** he's a bit of a poacher
brave, good, fine
bref, in short
la **Bretagne,** Brittany
le **Breton,** the Breton, native of Brittany
le **brevet:** *school-leaving exam for those not going to university*
le **brigadier,** the (police) sergeant
briller, to shine
le **bruit,** the noise
brûler, to burn
brusque, quick, sudden
la **bûche,** the log
le **buffet,** the side-board
burlesque, comical

C

ça = cela, that; **ça s'explique,** it's understandable; **ça y est!** that's it! there we are! **ça va?** how are things? **comme ça, pour rire,** just for a laugh; **une idée à lui, comme ça,** just an idea of his own; **la lune, ça fait des ombres,** the moon makes shadows
le **café,** coffee; **le café au lait,** white coffee
le **caillou,** the pebble
la **caisse,** the packing-case; **les caisses-bibliothèque,** the library made of packing-cases
le **camembert:** *a type of soft cheese made in Normandy*
la **canne à pêche,** the fishing-rod
le **car,** the bus, coach
le **carillonneur,** the bellringer
la **carte,** the card
la **casquette,** the cap
casser, to break
le **cauchemar,** the nightmare
à **cause de,** because of
le **cavalier,** the rider
ce, this; **c'est que...** that means...; **ce que c'est qu'un ...** what a... is; **ce que je peux être stupide!** how stupid I can be!
celle-là (*f.*), that one
celui qui... celle qui... ceux qui... the one who..., the ones who...
certes, to be sure, certainly
la **cervelle,** the brain
cesser, to stop
chacun, each; **chacun son tour,** everybody has his turn
la **chair,** the flesh
la **chance,** luck
le **chapeau,** the hat; **le chapeau mou,** the felt hat
chaque, each, every
la **charge,** the charge
se **charger de,** to attend to, see to
chasser, to get rid of, chase away
le **château,** the castle
chauffé, heated
chausser, to put on (*shoes*)
la **chaussette,** the sock
la **chaussure,** the shoe; footwear
le **chemin,** the path, track, way
la **cheminée,** the fireplace
le **chêne,** the oak-tree

chercher, to look for; **chercher à,** to try to
chez: chez lui, at (his) home
chic, great, marvellous; **vous êtes un chic type!** you're terrific!
choisir, to choose
le choix, the choice
chuchoter, to whisper
chut! sh!
ci: à cette heure-ci, at this hour
le cigarillo, the small cigar
cinquième, fifth
circuler, to move about
au clair de la lune, in the moonlight
claquer, to slam
la classe, school, lessons
le client, la cliente, the customer
le clocher, the church tower
la cloison, the dividing wall
le cocotier, the coconut palm
le cœur, the heart
le coffre, the chest, trunk
cogner, to bump; **se cogner la tête contre. . .** to bump one's head against. . .
coiffé de, wearing (*on one's head*)
le coin, the corner
la colère, anger; **se mettre en colère,** to get angry
collé, stuck
le collégien, the schoolboy
le collier, the necklace
la colline, the hill
le commandant, the officer
comme, like; **comme ça:** *see* **ça**
comment, how; **comment faut-il faire pour. . .?** how are we going to. . .? **comment, rien de nouveau?** what do you mean, nothing new?
la commission, the errand
la commune, the parish
la composition, the essay
comprendre, to understand; **je ne comprends rien à. . .** I don't understand anything about. . .
compter, to count; **compter sur,** to bank on, count on
le comptoir, the counter
conduire, to lead
la confiance, confidence
confus, embarrassed, ashamed
connaître, to know; **je ne connais rien aux danses bretonnes,** I don't know anything about Breton dances
le conseil, the (piece of) advice
conseiller, to advise
le conte, the story, tale
se contenter de, to be satisfied with
contourner, to come round, skirt
contrairement (à), unlike
le contrebandier, the smuggler
convenablement, suitably
le copain, the pal, friend; **j'ai été bien copain avec lui,** we were great pals, mates
le coquin, the rascal
le corbeau, the crow
la corde, the rope
corriger, to correct
le côté, the side; **du côté de,** near, in the neighbourhood of; **à côté de,** beside
le couloir, the passage, corridor
le coup, the beat; the blow; the trick, evil deed; **battre à grands coups,** to thump (*heart*); **le coup de poing,** the punch; **le coup de griffe,** the scratch; **le coup de pinceau,** the brush stroke; **ça, c'est encore un coup de Totoche!** Totoche is up to his tricks again!
couper, to cut
la cour, the yard
le couvercle, the lid
crapule: ces crapules de journalistes! those lousy journalists!
craquer, to creak
créer, to create, form
le crépuscule, dusk
croire, to think, believe; **croire à,** to believe in; **vous ne croyez pas?** don't you think (so)?

cueillir, to pick
le **curé,** the priest

D

davantage, more
debout, standing, on one's feet
décharger, to unload
déchirer, to tear, scratch
de-ci, de-là, here and there
la **découverte,** the discovery
déçu, disappointed
le **défaut,** the fault
le **défunt,** the deceased, dead person
dehors, outside
le **déjeuner,** lunch; **le petit déjeuner,** breakfast
démarrer, to start (*cars etc.*)
la **demi-heure,** the half-hour
le **demi-tour: faire demi-tour,** to turn tail, turn about
dépasser, to stick out
déplaire à, to displease, not to be liked by; **cette promenade ne déplaît pas au vieux marin,** the old sailor is quite enjoying this walk
depuis, for; since
déranger, to bother, disturb
le **désespoir,** despair
destiné(e) à, (intended) for
deuxièmement, secondly
devenir, to become
deviner, to guess
devoir, to have to; must (*see also* **doit** *and* **dû**)
le **devoir,** the duty
le **diable,** the devil; **que le diable t'emporte!** go to the devil! (the devil take you!)
dire, to say; **dis!** I say! **et dire que...** and to think that...
direct: un bon direct du droit, a good straight right (*boxing*)
disparaître, to disappear
le **disque,** the (gramophone) record
se **distinguer,** to be visible
se **distraire,** to have fun
distrait, not thinking (about the matter in hand)
la **dizaine,** group of ten
doit: *3rd. sing. pres. of* **devoir; il doit être...** he must be...
donc, so, then, therefore; *with imperative, to give emphasis:* "*do...*"; **donc, pas de feux follets,** so there aren't any will-o'-the-wisps; **accompagne le donc,** *do* go with him; **je vais au château, donc, je suis courageux,** I'm going to the castle, therefore I'm brave; **vous ne savez donc pas que...** so you don't know that...
le **donjon,** the keep, stronghold
doré(e), golden
la **douleur,** pain
le **drap,** the sheet
drôlement, strangely, in a funny way
dû: *past participle of* **devoir; il a dû...** he must have...
dur(e), hard
durer, to last

E

échapper (à), to escape (from)
éclaircir, to clear up, solve
éclairé(e), lighted
éclater, to burst; **éclater en sanglots,** to start sobbing **éclater de rire,** to burst out laughing
écouter, to listen (to); **écoutez-moi ça!** just listen to this!
effrayant, terrifying
l'électrophone (*m.*), the record-player
élevé, brought up; **bien élevé,** well-mannered
embrasser, to hug
l'émission (*f.*), the programme (*on television or radio*)
empêcher, to prevent
l'employé (*m.*), the employee; **l'employé de métro,** the man who works on the métro (*Paris Underground*)
emporter, to carry off; to take (away)
ému(s), moved (*emotions*)
en (*pron.*), of it, them; **il y en a un,** there is one (of them);

il y en a qui... there are some people who...; **parlons-en,** let's talk about them; **j'en tremble,** it gives me the shivers
en (*prep.*), in; (*with gerund*) while..., by...; **en colère,** angry; **tout en parlant,** while talking; **en les provoquant,** by provoking them; **et en prenant de l'aspirine tout de suite?** what if I take some aspirin right away?
l'enceinte (*f.*), the castle wall; the area within the castle wall
encore, still; yet; again
endormi(e), asleep
l'endroit (*m.*), the place
les Enfers, the Underworld (Hell)
enfin, at last; finally
enfoncé, driven, hammered
enlever, to get off, remove
l'ennui (*m.*), the trouble, problem
s'ennuyer, to be bored
l'enquête (*f.*), the investigation
enrhumé: être enrhumé, to have a cold
l'enseigne (*f.*), the sign
ensemble, together
ensuite, then, next
entendre, to hear
s'entendre, to understand one-another, agree; **entendons-nous bien,** let this be understood; **entendu!** right! that's agreed!
entier, (-ère), whole, entire
entre, between; **entre nous,** between you and me
l'entrée (*f.*), the entrance
envelopper, to wrap up
envie: avoir envie de... to want to...
environ, about
l'épicerie (*f.*), the grocer's (shop)
épouvanté, terrified
l'équipe (*f.*), the team
l'escalier (*m.*), the stairs, staircase
l'espadrille (*f.*), the rope-soled canvas shoe
l'Espagne (*f.*), Spain
l'espagnol (*m.*), Spanish (language)
espérer, to hope
l' esprit (*m.*), the mind
essayer, to try
l'essence (*f.*) **de térébenthine,** turpentine, turps
essuyer, to wipe
l'est (*m.*), the East
estimer, to consider
éternuer, to sneeze
l'étoffe (*f.*), the cloth
l'étoile (*f.*), the star
étoilé (de), studded (with)
étonner, to surprise, astonish
étouffer, to choke
étroit, narrow
l'étude (*f.*), the study; **faire des études,** to study
eux, they; them
s'évanouir, to faint
évidemment, of course, obviously
l'expérience (*f.*), the experiment
s'expliquer, to explain (oneself); **ça s'explique,** it's understandable
extraordinaire, extraordinary; **qu'y a-t-il là d'extraordinaire?** what's so extraordinary about that?

F

fabriquer, to make; **une ligne, ça se fabrique!** a line's easy enough to make!
en face, opposite
se fâcher, to get angry
le fainéant, lazy person or animal, lazybones
faire, to do; to make; **faire entendre,** to make (heard) (*sounds etc.*); **faire un rêve,** to have a dream; **faire partie de,** to be a member of; **ça ne te fait rien?** doesn't that mean anything to you? **se faire appeler,** to let oneself be called; **faire rouler...** to start... rolling; **ça va être vite fait,** that won't take long; **il fait bon,** it's nice; **vous me faites com-**

prendre que. . . you give me to understand that. . .**il ne fait que gémir,** he does nothing but moan
le fait, the occurrence; the fact
fameux: cette fameuse bête, this precious beast (*sarcastic*)
le fantôme, the ghost
la farandole: *popular dance of the South of France*
la farce, the joke
le farceur, the joker
la farine, flour
faut: il faut... it is necessary to... I, you, we *etc*. must. . . **il lui faut,** he needs; **il faut dire que...** it must be said that. . .
la faute, the mistake
la fente, the slit, crack
le fer, iron
fermer, to close; **fermé à clé,** locked
la fête, the entertainment
le feu d'artifice, the firework
le feu follet, the will-o'-the-wisp
le feuillage, foliage
fier, proud
la fièvre, the temperature, fever
la figure, the face; **en pleine figure,** right in the face
figurer: figure-toi que j'ai vu... do you know, I saw. . . **figurez-vous que je suis intéressé par le spiritisme,** you see, the thing is, I'm interested in spiritualism
le fil, the thread, line
filer, to rush off
la fillette, the little girl
fin, thin, fine
finir, to finish; **finir par...** to end up by...to (do something) in the end
la flèche, the arrow
la foi, faith; **ma foi!** good heavens!
la fois, the time, occasion; **pour une fois qu'il vient,** well, now, for once, he's coming
folklorique, folkloric, traditional
folle: *see* **fou**
le fond, the bottom; the back
forcément, necessarily; **son idée n'est pas forcément fausse,** his idea isn't necessarily wrong
fort, loud(ly); very, highly
le fossoyeur, the grave-digger
fou, folle, mad; **un rire de fou,** a madman's laugh
le franc: *French currency*
franc, frank, open, honest
fréquenter, to visit regularly, frequently; **très fréquenté,** very full, popular
le fric, money, cash (*coll.*)
le front, the forehead
fuir, to flee (from)
la fumée, smoke
fumer, to smoke

G

la gabardine, the raincoat
le Gabon, Gaboon (*country in Africa*)
gagner, to win; to gain; **il cherche à gagner du temps,** he's playing for time
le garde-à-vous, position of attention (*military*)
garder, to keep
le gendarme, the policeman
la gendarmerie, the police station
gentil, kind, nice
le Gers: *a 'département' in the South-West of France*
le geste, the movement, gesture; **il fait de grands gestes,** he waves his arms about
la glace, the mirror
glisser, to slip
la gorge, the throat
goûter, to taste; to savour, enjoy
la goutte, the drop
grâce à, thanks to
grand'chose: pas grand'chose, nothing much
la grange, the barn
gratter, to scrape, scratch
gravement, seriously
la gravure, the print, picture, etching
la griffe, the claw

griffer, to scratch
la grille, (iron) bars
la grippe, 'flu
gronder, to give (someone) a telling-off
grossier, coarse, vulgar
guéri(e), better, cured
guère: *see* **ne. . . guère**
la guèrre, the war
guetter, to lie in wait, watch
la gueule, the mouth (*of an animal*)

H

s'habiller, to get dressed
les habits (*m.*), clothes
l'habitude (*f.*), the custom, habit; **comme il en a l'habitude,** as is his custom
la haie, the hedge
hanté, haunted
le hasard, chance; **par hasard,** by chance
hausser les épaules, to shrug one's shoulders
la hauteur, the height
l'herbe (*f.*), the plant, weed; grass
heureusement, fortunately
le hibou, the owl
l'histoire (*f.*), the story; history; **des histoires que tout cela!** that's all nonsense! **raconter des histoires,** to tell stories; **ça va faire des histoires,** that'll cause a fuss
l'hiver (*m.*), winter; in winter
la honte, shame; **une honte!** it's a disgrace! **avoir honte,** to be ashamed
l'horloge (*f.*), the clock
hors de, outside
l'huile (*f.*), oil
l'humeur (*f.*), the mood; **de mauvaise humeur,** in a bad mood; **de bonne humeur,** in a good mood
le hurlement, the roar; the howl
hurler, to howl, roar

I

l'illettré (*m.*), the illiterate person
l'illuminé (*m.*), the crank, crackpot
l'imbécillité (*f.*), the stupid remark
s'impatienter, to get impatient, tired of waiting
impeccable, blameless
n'importe, never mind
qu'importe. . .! what does. . . matter!
incroyable, incredible
indulgent, indulgent; **soyons indulgents!** we must make allowances!
inquiet, uneasy, worried, anxious
l'inquiétude (*f.*), anxiety
insolemment, rudely
l'instruction (*f.*), education
instruit, educated
l'interdiction (*f.*), prohibition; **interdiction de passer des disques!** no playing of records!
interroger, to question
l'interrupteur (*m.*), the light-switch
intervenir, to intervene
intimidé(e), nervous
intitulé(e), entitled
invraisemblable, improbable, unlikely
inutile, pointless
ironique, sarcastic(ally)
ivre, drunk
l'ivrogne (*m.*), the drunkard

J

jamais, never
la jambe, the leg; **à toutes jambes,** as fast as her legs could carry her
jeter, to throw
joli(e), pretty; **une jolie peur!** and what a fright it was! **un joli rhume!** a real beauty of a cold!
jouer, to play; **jouer à,** to play (*a game*); **jouer de,** to play (*an instrument*)
jurer, to swear
jusqu'à, until, up to; **jusqu'aux oreilles,** right up to his ears

juste, just; exactly; right, correct
justement, precisely, just; **justement! la voilà!** ah! there she is, in fact!

L

là-bas, over there
le **lâche,** the coward
lâcher, to let go, release
là-haut, up there
laisser, to let; to leave; **laisser tomber,** to drop
la **langue,** the tongue; **quelle langue!** what a gossip!
la **larme,** the tear
le **lavabo**, the wash-basin
laver, to wash
léger(-ère), light
lever, to raise; **elle lève le bras,** she puts her arm up
se **lever,** to get up; **le jour se lève,** it's getting light
le **levier,** the lever
libre, free
le **lien,** the bond
le **lieu,** the place
la **ligne,** the line
le **litre,** the litre (*about 1¾ pints*)
loin, far; **de loin,** from a distance
long, long; **un mètre de long;** one metre long; **le long de,** along; **ça va être long!** that'll take a long time!
longtemps, (for) a long time
le **loup,** the wolf
lourd(e), heavy
la **lueur,** the gleam, glimmer
lui, he, him; **à lui d'agir,** it's up to him to do something; **une idée à lui,** an idea of his own
luisant, shining, gleaming
la **lumière,** the light
lumineux(-euse), luminous
la **lune,** the moon

M

machinalement, automatically
maigre, thin
le **maire,** the mayor
la **mairie,** the town hall
le **maître,** the master
mal, bad(ly); **faire mal (à),** to hurt
malade, ill
maladroit, clumsy
le **malheur,** unhappiness; **malheur à celui qui...** woe betide whoever...
le **malheureux,** the unfortunate (man), wretch
malin, clever; **gros malin, va!** go on with you, you great clot!
malpropre, dirty
la **manière,** the way, manner
manquer, to be lacking; **Tonton nous manque,** we miss Tonton
la **marche,** the step (*of a staircase*)
marécageux (-euse), marshy
le **marin,** the sailor
la **marine,** the navy
le **matériel,** the equipment, stuff
la **matière,** matter
maudit, cursed
le **mécanicien,** the mechanic
méchant, vicious, nasty
le **médecin,** the doctor
se **méfier (de),** to distrust, to be unsure (about); **méfie-toi!** you'd better watch out!
même, even; same; **quand même,** all the same, nevertheless; **en même temps,** at the same time
les **menottes** (*f.*), the handcuffs
le **mensonge,** the lie
menteur (-euse), lying; **elle n'est pas menteuse, she** doesn't lie
mentir, to lie
mépriser, to despise
en **mesure,** in time (*with music*)
le **mètre,** the metre (*just over a yard*)
le **métro:** *the Paris Underground*
mettre, to put
se **mettre à,** to begin to; **se mettre en colère,** to get angry
mieux, better
le **milieu,** the middle; **au milieu (de),** in the middle (of)
mille, a thousand

à mi-voix, in an undertone, softly
moi, I, me; **j'ai dit ça, moi?** did I say that?
moins, less; fewer; **au moins,** at least; **moins... moins...** the less... the less; **moins on écrit, moins on fait de fautes,** the less you write, the fewer mistakes you make
le mois, the month
le monde, the world; **tout le monde,** everybody
monter, to go up, climb
la montre, the wrist-watch
se moquer de, to laugh at, scorn
la moquerie, the jeer, sarcasm
le morceau, the piece
le mort, the dead man
mort, dead
le mot, the word
mou, soft; **le chapeau mou,** the (soft) felt hat
se moucher, to blow one's nose
le mouchoir, the handkerchief
se mourir, to be dying
le mousquetaire, the musketeer
le mouton, the sheep
multicolore, multicoloured

N

nager, to swim
naître, to be born
natal, native
naturalisé, stuffed
la nature, the nature, origin
naviguer, to sail
né: *past participle of* **naître**
ne... guère, hardly
ne... jamais, never
ne... personne, nobody
ne... plus, no longer, no more
ne... rien, nothing; **je n'en sais rien, moi,** I've no idea; I don't know anything about that
n'est-ce pas? isn't it? aren't I? aren't you? *etc.*
net(te), clear-cut
neuf, new
ni, nor; **ni moi non plus,** nor do I, nor am I *etc.*
la niche, the niche, recess
nicher, to nest
le nœud, the knot
le noir, the dark(ness)
nombreux, numerous, in large numbers
non, no; **non plus,** neither
non-taché, unstained, not stained
la nouille, the noodle
la nouvelle, les nouvelles, news
nuageux, cloudy
la nuit, the night; during, in the night, at night; **par une nuit d'hiver,** on a winter's night
le numéro, the number; **le numéro de danse,** the dance number, routine

O

obligatoire, compulsory
obligé: être obligé de... to have to...
l'occasion (*f.*), the opportunity
occupé(e) (à), busy (*doing something*)
s'occuper de, to look after, see to
ogival, pointed, Gothic-style
l'olivier (*m.*), the olive-tree
l'ombre (*f.*), the shadow
on, one; we; people *etc.* **on a peur,** people are afraid; **on va bien s'amuser,** it'll be very funny; **on dit que...** they say that..., it's said said that...; **on ne se promène pas en pleine nuit sur le chemin du château,** you don't go walking on the path to the castle in the middle of the night; **si l'on verse...** if you pour...
l'Opéra: *the Paris opera house*
or, (*conj.*), now; **or, tout le monde sait que...** now, everybody knows that...
ordonner, to order
original, eccentric
orner, to decorate
l'orphelin (*m.*), the orphan
l'orthographe (*m.*), spelling
l'os (*m.*), the bone
oser, to dare
ouais! oh yes! (*sarcastic*)

l'ouest (*m.*), the West
l'ours (*m.*), the bear

P

paisible, peaceful
pâlir, to go pale
le **panier,** the basket
la **panne,** the breakdown; **une panne d'électricité,** an electricity failure, black-out
le **pantalon,** the (pair of) trousers
par, by; out of; on; **par politesse,** out of politeness; **par une nuit d'hiver,** on a winter's night
paraître, to seem
parbleu! ah! of course!
parcourir, to wander round
pardon! sorry!
pareil, same, equal; **c'est pareil,** it's all the same; **de pareilles imbécillités,** such stupid remarks
parfait! fine!
parfaitement, clearly; certainly; **c'est Totoche qui le dit. Parfaitement!** Totoche says so. So there!
parfois, sometimes
la **parole,** the word; **prendre la parole,** to take the floor, begin to speak
partie: faire partie de, to be a member of
partout, everywhere
le **pas,** the step, pace, tread; **d'un pas joyeux,** with a joyful tread, walking happily
passer, to pass; to put on; to take (*an exam*); **passer le brevet,** to take one's 'brevet' (*school-leaving exam for those not going to university*); **passer pour un lâche,** to be taken for a coward; **passer un disque,** to put a record on; **passer par,** to go by way of; **il le passe sur son front,** he wipes his forehead with it
se **passer,** to happen
passionnant, fascinating
et **patati, patata,** and so on and so forth
la **patte,** the foot, paw (*of an animal*)
le **paysage,** the landscape
la **pêche,** fishing
pêcher, to fish
peindre, to paint
la **peine,** pain; difficulty; **faire de la peine (à),** to hurt; **à peine,** with difficulty
la **peinture,** the painting; paint
se **pencher,** to bend down
pendant, during
pendre, to hang
pénible, hard, difficult
la **pension,** board; **prendre pension (chez),** to board (with)
perdre, to lose; **ne perdons pas la tête,** don't let's lose our heads; **ne nous perdons pas dans les détails,** don't let's get bogged down in details
le **personnage,** the character, individual
personne, nobody
peser, to weigh; **ça pèse!** it's jolly heavy!
la **pétanque:** *a game something like bowls, but played on rough ground. Known as 'boules' in the North of France*
petit, little, small; **une petite demi-heure,** only half an hour, that's all; **le petit déjeuner,** breakfast
peu, un peu, little, a little; **peu de,** not much; **un peu partout,** more or less everywhere; **à peu près,** just about; **ils sont peu nombreux,** there aren't many of them
la **peur,** fear; **avoir peur,** to be afraid
peureux, timid, easily frightened
la **phrase,** the sentence
la **pièce,** the room; the piece, coin (*gold, etc.*)
le **pied,** the foot; **à pied,** on foot
le **piège,** the trap; **tendre un piège,** to set a trap
la **pierre,** the stone
les **pierreries** (*f.*), precious stones

le pilier, the prop forward (*rugby*)
le pinceau, the (paint)brush
la place, the (town) square
se plaindre (à), to complain (to)
plaire (à), to please; **ça ne plaît pas aux gens de Fiercastel,** the people of Fiercastel don't like that
plaisanter, to joke
la planche, the board
le plastic, plastic explosive
plat(e), flat
le platane, the plane-tree
plein, full; **en plein dans l'œil,** right in the eye; **en pleine figure,** right in the face
pleurer, to cry
plus, more; no more; **en plus,** what's more; **en plus de,** as well as, in addition to; **de plus en plus,** more and more; **le plus tard possible,** as late as possible; **non plus,** neither; **moi non plus,** neither do I, have I *etc.*
plusieurs, several
plutôt, more, rather; **deux lueurs bleues. . . Non, plutôt vertes,** two blue glimmers. . . No, more green than blue
la poche, the pocket; **la lampe de poche,** the torch
le poêle, the stove
le poing, the fist
la pointe, the point, tip; **sur la pointe des pieds,** on tip-toe
pointu, sharp-pointed
la poitrine, the chest
porter, to wear; to carry, take
poser, to put; **pose ce couteau!** put down that knife!
posséder, to have, possess
le poteau, the pole
pour, for; because of; (*plus infinitive*) in order to; **pour se donner du courage,** to give herself courage; **c'est pour cela,** it's because of that, that's why
pourtant, yet, all the same, but still
pousser, to push; to give (*a shout*)
la poussière, dust
pouvoir, to be able to; **tu peux le dire!** I'll say (it is)! you can say that again!
se précipiter, to throw oneself
préciser, to give details about something; **il ne précise pas qu'il va passer par le château,** he doesn't actually say he's going by way of the castle
premier, first; **toi, le premier, tu as eu l'idée de. . .** you were the first to have the idea of. . .
prendre, to take; **il se prend pour un prophète,** he thinks he's a prophet
près (de), near; **à peu près,** roughly, just about
présenter, to introduce
se présenter, to present oneself, to turn up
presque, almost
presser, to press; **ça presse!** it's urgent! be quick about it!
se presser, to hurry
prétendre, to claim
la preuve, the proof
prévoir, to foresee
le principal, the main thing
le principe, the principle, basis
prochain, next; **le prochain,** the next man, neighbour
profiter (de), to use, take advantage of
la promenade, the walk
se promener, to walk (about)
proposer, to suggest
propre, clean; own
la propreté, cleanness
le propriétaire, the owner
prouver, to prove
provençal, of, from Provence
puisque, since, as
le puits, the well

Q

quand, when; **quand même,** all the same, nevertheless
quant à, as for
quatrième, fourth; **en quatrième,** in the fourth form

(*the equivalent of the English third form. See* **troisième**)

que, that; **des histoires que tout cela!** that's all nonsense! **bien sûr que non,** of course not

quelque(s), some; **quelque chose,** something; **quelqu'un,** someone

la question, the question, **il n'est plus question de. . .** it's no longer a question of. . .

quitter, to leave

quoi? what? **une soirée en famille, quoi!** an evening with the family. You know! **quoi de plus facile?** what could be easier? **eh bien, quoi?** well, so what? **de quoi,** enough (to); **de quoi faire sauter Fiercastel,** enough to blow up Fiercastel

R

raconter, to tell, relate; **l'histoire se raconte,** it gets talked about

raisonnable, sensible

le raisonnement, the reasoning

se ranger, to place oneself

le rapport, the connection

raser, to stick close to

rassemblé, assembled

ravir, to delight

rayer, to strike off; **à rayer de la liste,** to be struck off the list

le rayon, the spoke (*of a wheel*)

la recette, the takings

recevoir, to receive; **il vient d'être reçu à son bac,** he's just passed his 'baccalauréat' (*see* **bac**)

reçu: *past participle of* **recevoir**

reconduire, to take (someone) back

reconnaître, to recognize; **je sais reconnaître les yeux des chats,** I know cats' eyes when I see them

réellement, really

refaire, to do again; to remake; **refaire une ligne,** to make another line

réfléchir, to think

la réflexion, the remark; the thought

le regard, the look

régner, to reign

se relever, to get up (again)

remarquer, to notice; **il se fait remarquer,** he's conspicuous; **remarque que. . .** you know, . . .

le remords, remorse

rempli (de), filled (with)

rendre, to give, give back; to make; **rendre service (à),** to do a favour

renverse: à la renverse, backwards

répandre, to spread

repartir, to set off back

le repas, the meal

repeindre, to re-paint

répliquer, to retort, answer crossly

le repos, rest

reprendre, to start again

la représentation, the performance

la reprise, the recurrence

le reproche, the reproach, blame; **faire des reproches (à),** to tell off, blame

la Résistance: *the French Resistance (during the occupation of France in the Second World War)*

respirer, to breathe

ressembler (à), to be like, look like

le résultat, the result

retirer, to pull out

retomber (sur), to fall back (on)

se retourner, to turn over

la retraite, retirement; **à la retraite,** retired

la réunion, the meeting

réussir (à), to succeed (in)

le rêve, the dream; **faire un rêve,** to have a dream

réveiller, to wake up (*trans.*)

rêver, to dream

la rêverie, the day-dream
le rhume, the cold
ridiculiser, to make a fool of
rien, nothing
rire, to laugh
le riz, rice
le rôle, the role, part
le roman, the novel
rond, round
ronfler, to roar (*stoves etc.*)
rouge, red; **chauffé au rouge,** (heated until) red-hot
rougir, to blush
la route, the road; **en route!** let's get going!
royalement: il paie royalement sa pension, he pays a pretty stiff rent
rusé, cunning
rythmé, rhythmic; **des chansons modernes rythmées:** *i.e.* beat numbers

S

le sac, the bag
sacré: sacré Tonton! funny old Tonton!
saigner, to bleed
saisir, to seize
sale, dirty
saluer, to greet
salut! hi! hallo!
le sanglot, the sob
sans, without; **sans trop croire à...** without really believing in...; **sans parler de...** not to mention...; **sans rien dire,** without a word
sapristi! for heaven's sake!
sauf, except
sauter, to jump
savoir, to know; to know how to, to be able to; **savoir danser,** to be able to dance; **je n'en sais rien, moi,** I don't know anything about that
scolaire: *see* **année**
sec, sèche, dry
sécher, to dry
le seigneur, the lord
selon, according to
sembler, to seem
la semelle, the sole (*of a shoe*)
le sens, the direction
le sentier, the path
se sentir, to feel
serrer, to grip; **serrer la main (à),** to shake hands (with)
se serrer, to tighten (*intrans.*)
la serrure, the lock
sert: *3rd. sing. pres. of* **servir**
se servir de, to use
servir, to serve; **servir à,** to be used for
si, if; **et si ça me fait plaisir, à moi?** what if *I* happen to like...?
soigner, to take care of; **faites-vous bien soigner,** see that you are well looked after
se soigner, to look after, take care of, oneself
soigneusement, carefully
la soirée, the evening; the evening's entertainment; **une soirée en famille,** an evening with the family
solennel, solemn
solide, sensible, reliable
sombre, dark
le sommeil, sleep
songeur (-euse), pensive, deep in thought
sonner, to strike (*clocks*)
la sonnette, the bell
la sortie, the way out
sot, sotte, stupid
le souci, the worry; **ne te fais pas de souci,** don't worry
la soucoupe, the saucer; **la soucoupe volante,** the flying saucer
souffler, to blow
souffrir, to suffer
le soulagement, relief
soulever, to lift up
le soulier, the shoe
soupçonner, to suspect
sourire, to smile
sous, under
le souterrain, the underground passage or room
le souvenir, the memory; the souvenir
se souvenir (de), to remember
soyons, let's be (*imperative of* **être**)

spirite, spiritualistic; **il est spirite,** he's a spiritualist
le spiritisme, spiritualism
suffire, to be enough
suivre, to follow; **il suit des yeux...** he follows... with his eyes, he watches...
le supplice, the ordeal
supplier, to beg
sur, on; by (*measurements*); about, concerning; **un mètre sur soixante-dix centimètres,** one metre by seventy centimetres
sûr, sure; **tu es sûre de les avoir vues?** are you sure you saw them? **bien sûr,** of course
le surnom, the nickname
surtout, especially; **surtout que mon père va lui faire goûter le vin nouveau,** especially as my father's going to get him to taste the new wine
surveiller, to keep watch
suspect, suspicious
suspendre, to hang
svelte, slim
sympathique, nice

T

tacher, to stain
tailler, to cut
taire, to be quiet, keep silent; **faire taire,** to silence; **tais-toi!** be quiet! **taisons-nous,** let's be quiet
tantôt... tantôt... sometimes ...sometimes...
le tapis, the carpet
tapoter, to pat
le tas, the heap, pile
le taureau, the bull
tel(s), telle(s), such
tellement, so
le temps, the time; the weather; **de temps en temps,** from time to time; **j'ai le temps,** I've got plenty of time
tendre, to stretch; **tendre un piège,** to set a trap
tendu, taut
terminé, finished
la terre, the ground; Earth; **par terre,** on the ground
la tête, the head; **tête de mule,** (*lit.* 'mule head') someone very stubborn, pig-headed
têtu, stubborn
tiède, warm
tiens! I say! **tiens! regarde,** here, look! **je vais te dire, tiens, tu parles comme papa!** do you know something? you talk like Dad!
la tige, the (metal) rod
toi, you; **tu n'as pas de fil, toi,** *you* haven't got any line
la toiture, the roof
tonton: *familiar form of* **oncle** (uncle)
tôt, early
toucher, to wound
la tour, the tower
le tour, the trick; the turn; the walk round; **à leur tour,** in their turn; **il en fait le tour,** he goes round it
le tournant, the turning
tousser, to cough
tout (*adj.*), all; **tous les matins,** every morning; **tout le monde,** everybody
tout (*adv.*), quite, entirely; **tout de suite,** at once; **tout à coup,** all of a sudden; **tout en parlant,** while talking, talking all the while
en train de, in the process of
tranquille, calm
trembler, to tremble; **j'en tremble,** it gives me the shivers
tremper, to soak; to dip
troisième, third; **en troisième,** in the third form (*the equivalent of the English fourth form: in French schools, the first form is the top*)
se tromper, to be mistaken
le tronc, the (tree-) trunk
trop, too; too much
le trou, the hole
troué: elles sont trouées, they've got holes in them
la trouvaille, the find
trouver, to find; to think

se **trouver,** to be (situated)
tuer, to kill
le **type,** the chap

U

unir, to unite, bring together

V

le **vacarme,** the din, noise
le **vaisseau,** the ship
vas-y! go on!
vaut: ça vaut mieux, it's better that way; **ça vaut mieux que...** that's better than...
la **veille,** the previous evening
la **veillée,** the evening (*spent in company, usually round the fire*)
le **vélo,** the bicycle
le **vélomoteur,** the moped
se **venger (de),** to get one's own back (on)
venir, to come; **venir de...** to have just...
le **ver luisant,** the glow-worm
la **vérité,** the truth
vers, towards
verser, to pour
la **veste,** the jacket
vêtu de, wearing
veut: *3rd. sing. pres. of* **vouloir**
le **vieillard,** the old man
la **vigne,** the vine; the vineyard
vilain, wicked, nasty; **le vilain bout de papier,** the offending scrap of paper
le **visage,** the face
la **vitesse,** speed; **à toute vitesse,** at full speed
le **viticulteur,** the vine-grower
vive: vive Tonton! good old Tonton! (*lit.* long live Tonton!)
vivement, sharply
vivre, to live
voici, here is, here are; **me voici,** here I am
la **voie ferrée,** the railway line, track
voilà, there is, there are; **voilà!** there it is!
voiler, to cover, shade
voir, to see; **voyons!** come on now! **voyons un peu,** let's just have a look
se **voir: cela doit se voir,** that must be obvious; **ça se voit, non?** that's obvious, isn't it?
le **voisin,** the neighbour
voisin(e), next, neighbouring
la **voiture,** the cart; the car
la **voix,** the voice; **à voix basse,** in an undertone, softly; **à voix haute,** loudly
volant(e), flying
voler, to steal; to fly
le **volet,** the shutter
vouloir, to want to; **vouloir dire,** to mean
vous-même, you yourself
le **voyou,** the scoundrel (*general term of fairly mild abuse*)

Y

y, there; to it; in it; **il y a,** there is, there are; ago; **il y a plusieurs siècles,** several centuries ago; **tu y crois, au fantôme?** do you believe in the ghost? **ça y est!** that's it! there we are!
yeux: *pl. of* **œil; des yeux de chats,** cats' eyes

Z

zut! blast!

Notes

Page 12

The meanings of these nicknames are not enormously important but may be of interest. They all reflect the occupation or appearance of the person concerned: *Goupille* = 'linch-pin' (he is a mechanic's apprentice); *Cannelle* = 'cinnamon' (he works in his father's grocer's shop); *Gros Lard* = 'fatty' (obvious reasons); *Châtaigne* = 'punch', 'thump', 'biff' or some other colloquial equivalent (he is a rugger player). [N.B. The usual meaning of *la châtaigne* is 'the chestnut'.]

Page 52

This is what Totoche should have written:
Il y a, à Fiercastel, un homme dangereux qu'il faut mettre en prison. Cet homme dangereux, c'est Gaétan de Korvédec. Venez, Messieurs les gendarmes, chez Lacloche. Demandez à visiter la chambre de Korvédec! Il y a un coffre. Faites-vous ouvrir ce coffre! Il y a, dans ce coffre, des choses qui vous intéressent...

Page 61

Renault R.16; a make of car.

Page 63

Citroën DS; a make of car.